山林鳳毛

영인본

扐堂 尹濟奎 先生文集

山林鳳毛

영인본

扐堂 尹濟奎 先生文集

윤제규 著作 서정기 勘校

KSI 한국학술정보[주]

扐堂 尹濟奎 先生 肖像

1. 扐堂 尹濟奎 先生 親筆 詩稿集

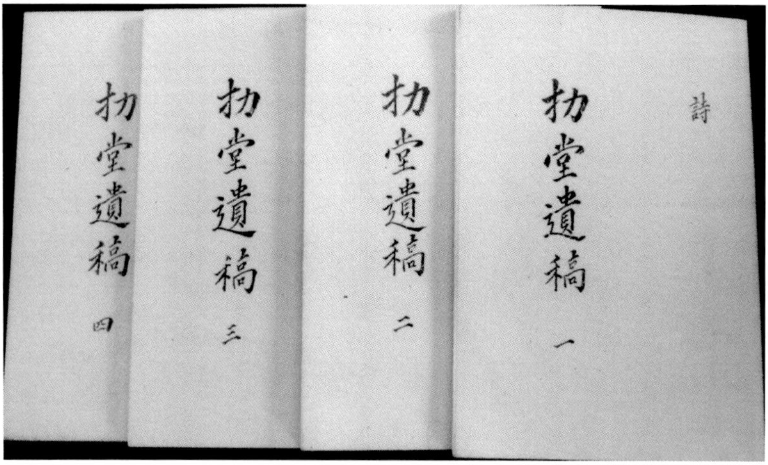

2. 扐堂 先生 遺稿 孫男尹元燮輯本全四卷

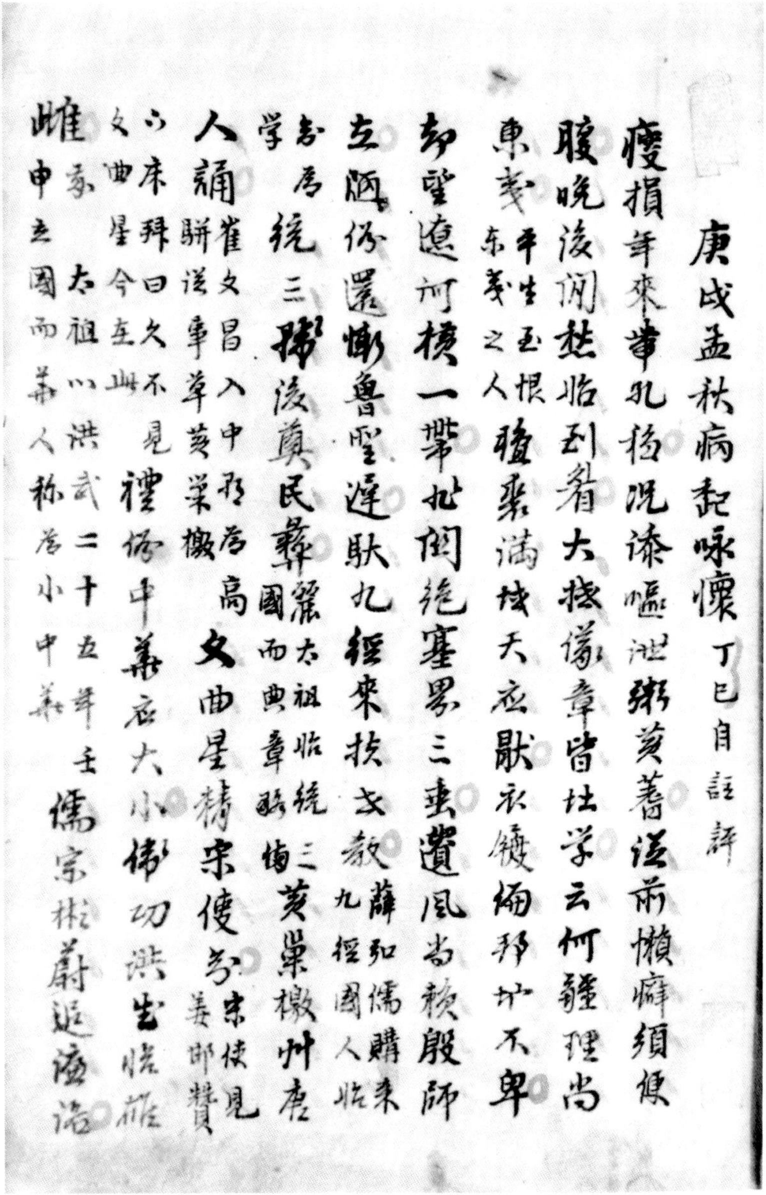
庚戌孟秋病起咏懷 丁巳自註評
瘦損年來韋孔枯況添嘔泄粥藥蓄從前懶癖須便
腹晩後閒甚臨到看大挫儀章皆忘学云何難理尚
東義 平生玉根 東義之人 穡粟滿地天應厭衣纓偏移於不卑
却望遼河横一帶北闕絶塞界三韓遺風尚賴殷師
立廟仍還撤魯聖遅馳九經來扶文教 薛弘儒贈來九經國人臨
為唐 統三韓後奠民彝羅 太祖臨統三國而典章翫備 黄巢檄州唐
学
人誦崔文昌入中朝為高 文曲星精宋使 騈從事草黄巢檄 為宋使見姜邯贊
小床拜曰久不見 禮傍中華應大小佛功洪 出 曉 文曲星今在此
雖中立國而華人稱為小中華 系 太祖以洪武二十五年壬 儒宗術蔚延適諾

3. 扐堂 先生 親筆 扐堂丁巳本(1857년)

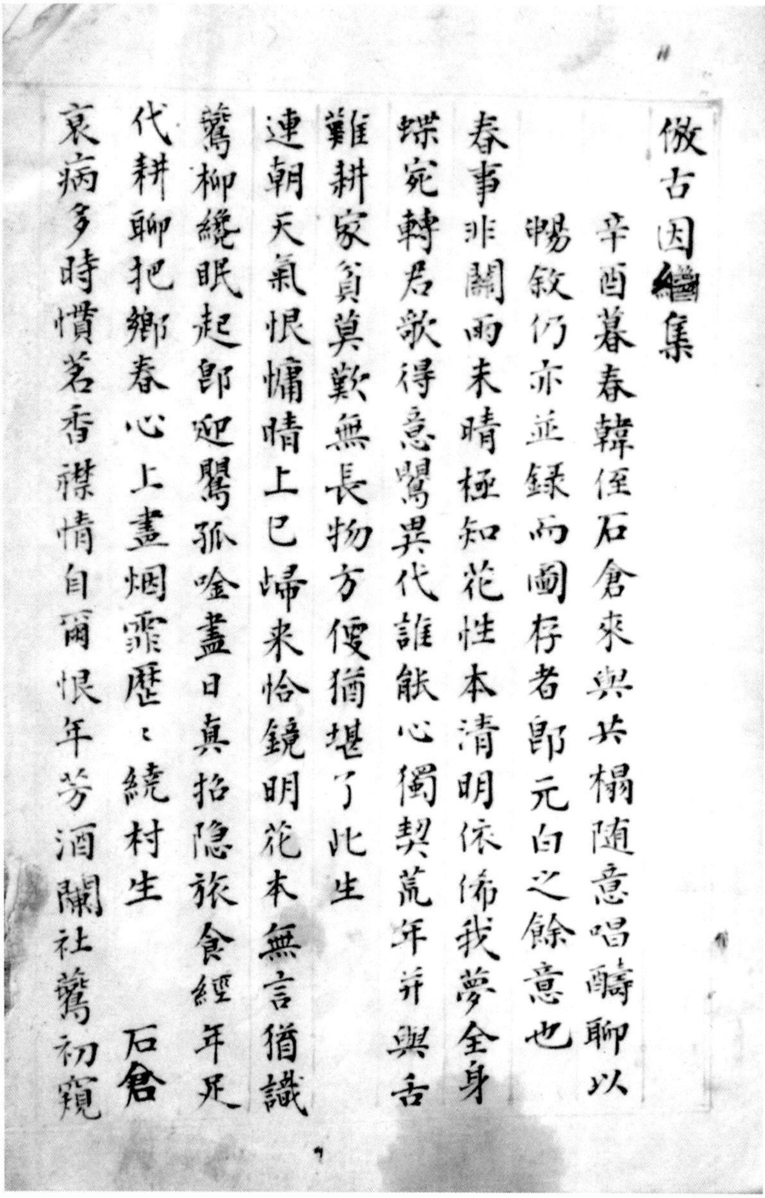
倣古因續集
辛酉暮春韓侄石倉來與共榻隨意唱酬聊以
暢敍仍亦並錄而尙存者卽元白之餘意也
春事非關雨未晴極知花性本清明依俙我夢全身
蝶宛轉君歌得意鶯異代誰能心獨契荒年并與舌
難耕家貧莫歎無長物方便猶堪了此生
連朝天氣恨慵晴上巳歸來恰鏡明花本無言猶識
鶯柳纔眠起卽迎鷗孤唫盡日眞描隱旅食經年足
代耕聊把鄉春心上畫烟霏歷〻繞村生
石倉
衰病多時慣茗香襟情自爾恨年芳酒闌社鷰初窺

4. 扐堂先生親筆 扐稿辛酉本(1861년)

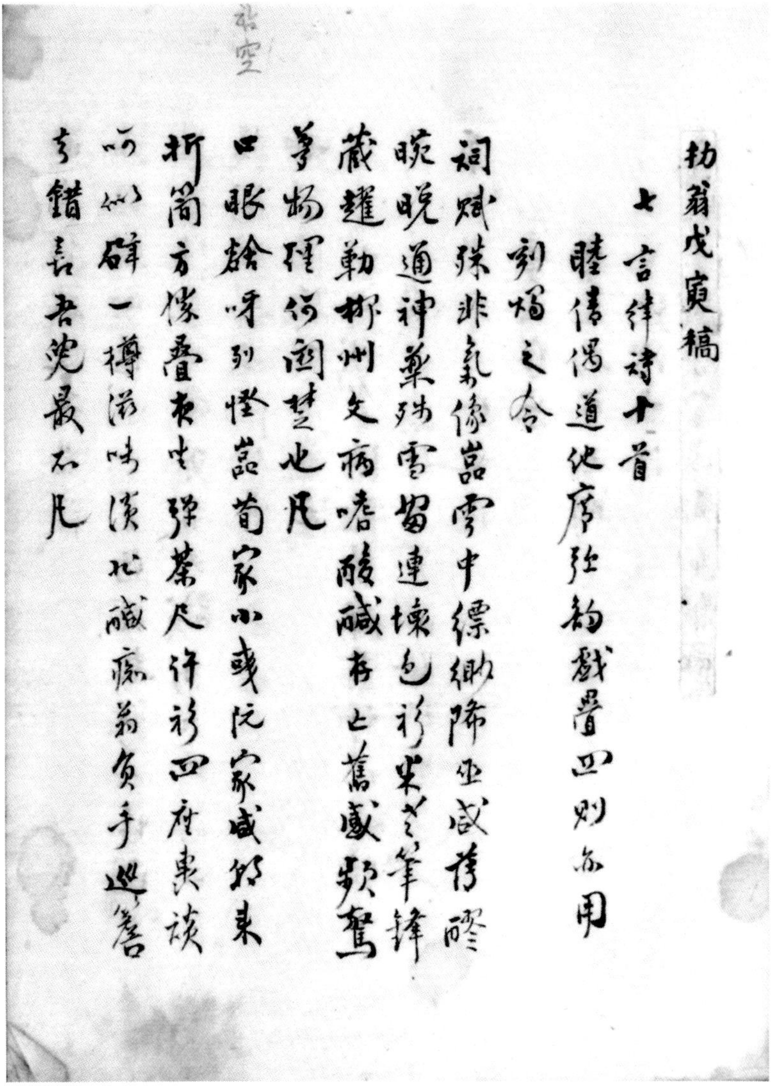
扐翁戊寅稿

七言律詩十首

5. 扐堂先生親筆 扐堂詩稿戊寅本(1878년)

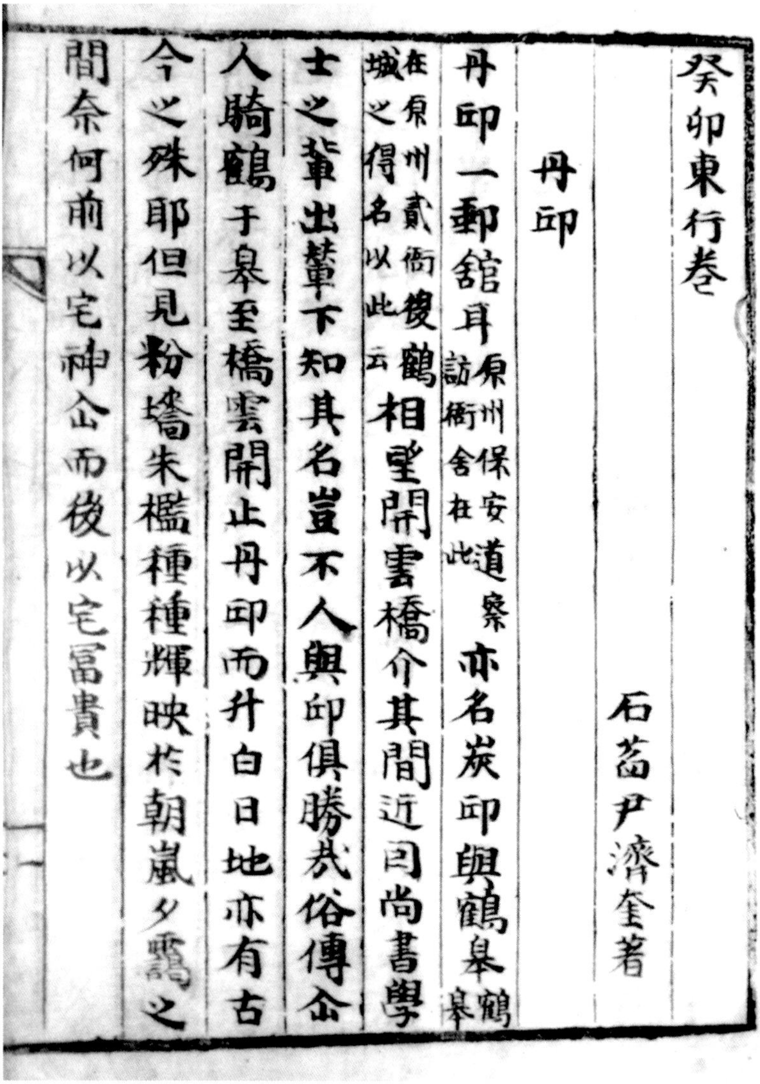
癸卯東行卷

石菑尹濟奎著

丹邱

丹邱一郵館耳(原州保安道察訪衙舍在此)亦名炭邱與鶴皋(鶴皋在原州貳衙城之得名以此云)後鶴相望開雲橋介其間近日尚書學士之輩出輦下知其名豈不人與邱俱勝哉俗傳仚人騎鶴于皋至橋雲開止丹邱而升白日地亦有古今之殊耶但見粉牆朱檻種種輝映於朝嵐夕靄之間奈何前以宅神仚而後以宅富貴也

6. 扐堂先生親筆 扐堂行卷癸卯本(1843년)

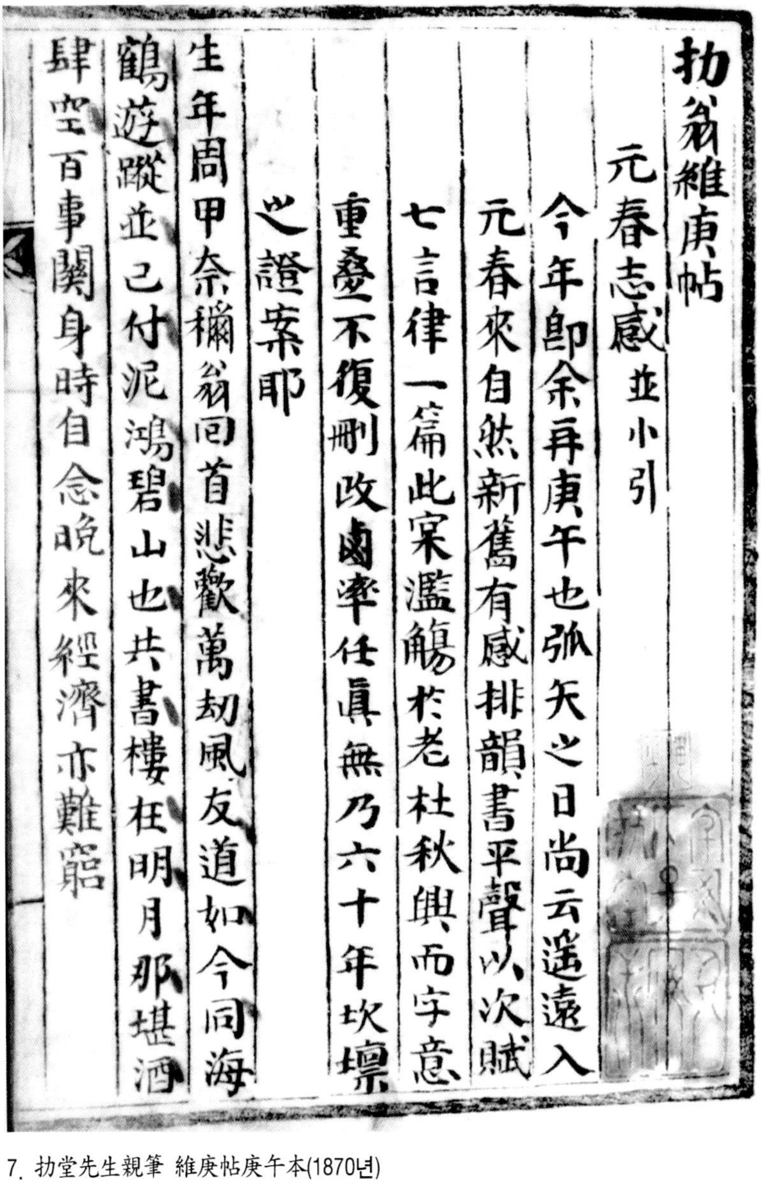

扐翁維庚帖

元春志感 并小引

今年即余再庚午也弧矢之日尚云遥遠入
元春來自然新舊有感排韻書平聲以次賦
七言律一篇此宋濫觴於老杜秋興而字意
重疊不復刪改鹵率任眞無乃六十年坎壈
之證案耶

生年周甲余爾翁回首悲歡萬刧風友道如今同海
鶴遊蹤並已付泥鴻碧山也共書樓在明月那堪酒
肆空百事關身時自念晚來經濟亦難窮

7. 扐堂先生親筆 維庚帖庚午本(1870년)

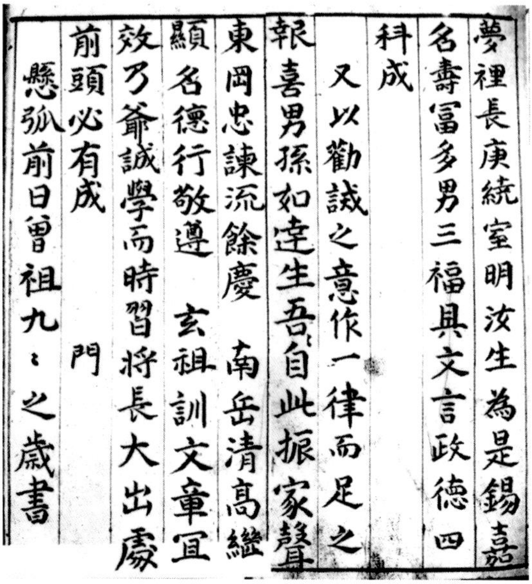

夢裡長庚繞室明汝生為是錫嘉
名壽富多男三福具文言政德四
科成
又以勸誡之意作一律而足之
報喜男孫如達生吾自此振家聲
東岡忠諫流餘慶　南岳清高繼
顯名德行敬遵　玄祖訓文章宜
效乃爺誠學而時習将長大出處
前頭必有成　門
懸弧前日曾祖九〻之歲書

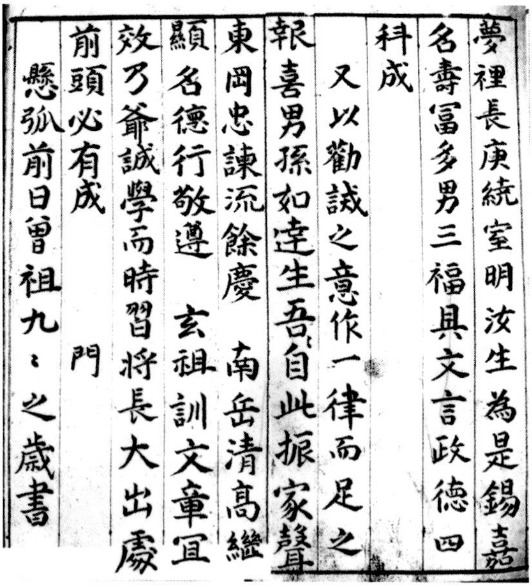

夢裡長庚繞室明汝生為是錫嘉
名壽富多男三福具文言政德四
科成
又以勸誡之意作一律而足之
報喜男孫如達生吾自此振家聲
東岡忠諫流餘慶　南岳清高繼
顯名德行敬遵　玄祖訓文章宜
效乃爺誠學而時習将長大出處
前頭必有成　門
懸弧前日曾祖九〻之歲書

8, 9. 懸弧寶帖 六松齋尹正謙先生親筆

此余初度帖也晬盤操戲蒙然未記而蓋自學語來尋常讀誦獨負夢祥之必協及夫稍長而粗知付托教誡之明切綦重思欲萬一奉承者亦兹歲星屢周然到底坎壈落落無成是將咎於時命乎責以材地也可矣仍念 府君之恩勤閔育不在劬勞下九齡以前造膝之誨一一銘肺

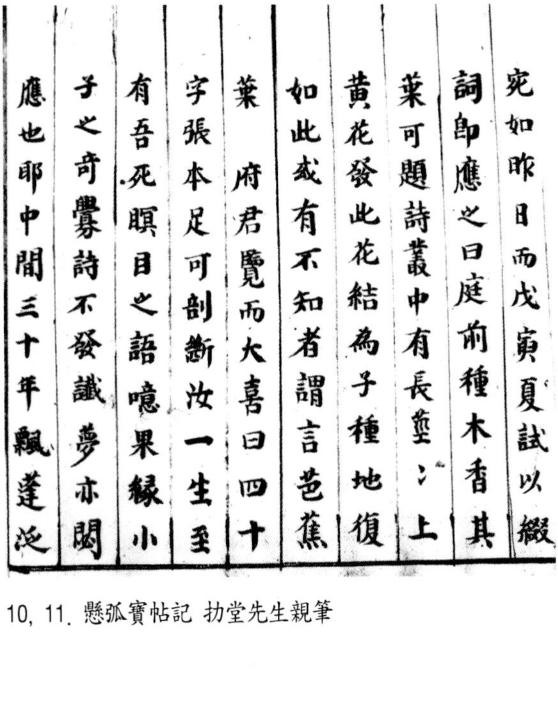
腑如昨日而戊寅夏試以綴詞卽應之曰庭前種木香其葉可題詩叢中有長莖莖上黃花發此花結為子種地復如此或有不知者謂言芭蕉葉 府君覽而大喜曰四十字張本足可剖斷汝一生至有吾死瞑目之語噫果緣小子之奇釁詩不發識夢亦閟應也耶中間三十年飄蓬泛

10, 11. 懸弧寶帖記 扐堂先生親筆

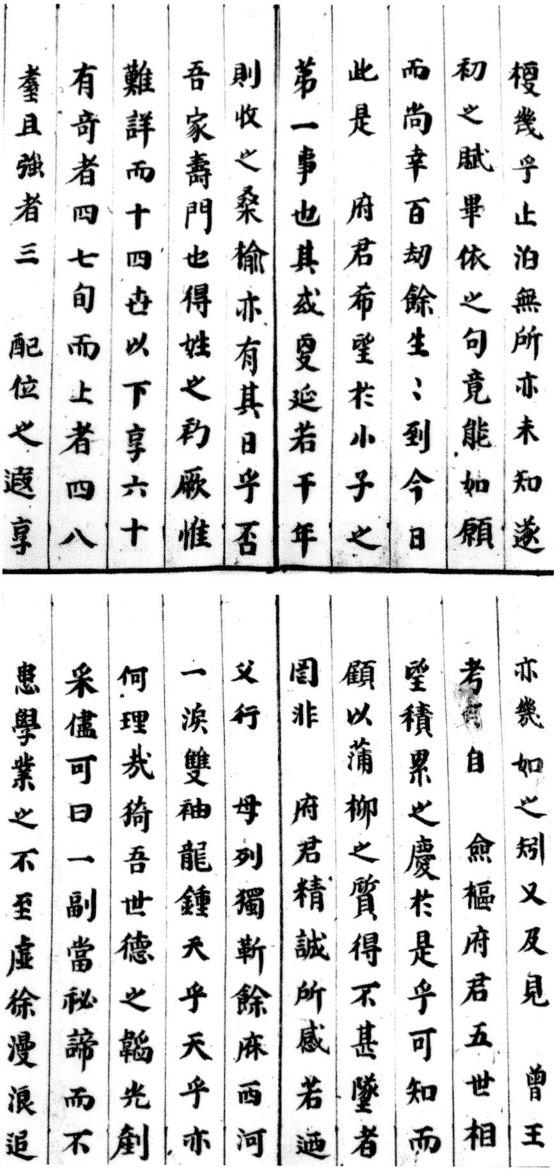

㮣幾乎止泊無所亦未知遂
初之賦畢依之句竟能如願
而尚幸百刼餘生〻到今日
此是　府君希望於小子之
第一事也其或更延若干年
則收之桑榆亦有其日乎否
吾家壽門也得姓之初厥惟
難詳而十四世以下享六十
有奇者四七旬而上者四八
耋且強者三　配位之遐享

亦幾如之矧又及見　曾王
考自　僉樞府君五世相
望積累之慶於是乎可知而
顧以蒲柳之質得不甚鑒者
罔非　府君精誠所感若迺
乂行　母列獨斬餘麻西河
一淚雙袖龍鍾天乎天乎亦
何理哉猗吾世德之韜光劇
采儘可曰一副當秘諦而不
患學業之不至虛徐漫浪追

12, 13. 懸弧寶帖記 扐堂先生親筆

逐紛華特是小子稚蒙之難
逭也苟能自悔而知悛則盍
思 府君大耋之年不撤曾
傳格致之學也士君子立身
不以窮達槩帖中尾聯出處
前頭必有成之意今始蠡管
也云爾
西極星輝萬古明肯分私照錫
吾名金晶為有陽剛德 夫子
當年感夢成

摩挲 遺墨感余生金石奚徒
擲有聲一事纔經還忝訓六旬
方盡未揚名趾 先認是言〻
戒詒後誰能字〻誠百歲在前
猶自慰中於出處一應成
不肖曾孫濟奎
同甲日謹稿

14, 15. 懸弧寶帖記 扐堂先生親筆

扐堂 尹濟奎 先生文集 해제(解題)

徐 正 淇
(東洋文化硏究所長)

1. 서(序)

자고로 절세(絶世)의 대문호(大文豪)가 되는 길은 세 가지가 있었으니 타고난 자질이 뛰어나서 저절로 능통한 사람이 있고, 열심히 배워서 통달한 사람이 있으며, 몸소 겪어서 깨달아 능숙한 사람이 있다.

첫째, 타고난 자질이 뛰어나서 저절로 능통한 사람은 중용(中庸)에서 말하기를 "오직 천하의 지극한 성인(聖人)이어야 능히 총명예지(聰明叡智)하여 족히 임(臨)함이 있나니 관유온유(寬裕溫柔)가 족히 포용함이 있으며, 발강강의(發强剛毅)가 족히 고집(固執)함이 있으며, 제장중정(齊壯中正)이 족히 공경(恭敬)함이 있으며, 문리밀찰(文理密察)이 족히 분별(分別)함이 있느니라"고 하였으니 이것은 맹자(孟子)가 이른바 대장부(大丈夫) 인즉 "천하의 가장 넓은 곳에 살며, 천하의 가장 넓은 자리에 서며, 천하의 대도(大道)를 행하여 뜻을 얻으면 민중과 더불어 말미암고, 뜻을 얻지 못하면 그 도를 행하여 부귀(富貴)가 음탕하게 할 수 없으며, 빈천(貧賤)이 변절하게 할 수 없으며, 위무(威武)가 굴복하게 할 수 없다."(滕文公下)고 하였다.

둘째, 열심히 배워서 통달한 사람은 중용(中庸)에서 말하기를 "널리 배우며, 살펴 물으며, 신중하게 생각하며, 밝게 분별하며, 돈독하게 행할지니라."고 하였으니 이것은 맹자(孟子)가 이른바 말을 아는 지언(知言)이니 "편벽된 말에 그 가리운 바를 알며, 간사한 말에 그

배반한 바를 알며, 도피하는 말에 그 궁박한 바를 안다."(公孫丑上)고 하였다.

셋째, 몸소 겪어서 깨달아 능숙한 사람은 중용(中庸)에서 말하기를 "배우지 못함이 있거든 배울진대 능숙하지 못한 것을 버려두지 아니 하며, 묻지 못함이 있거든 물을진대 알지 못하는 것을 버려두지 아니 하며, 생각하지 못함이 있거든 생각할진대 깨닫지 못함을 버려두지 아니 하며, 분별하지 못함이 있거든 분별할진대 밝지 못함을 버려두지 아니 하며, 행하지 못함이 있거든 행할진대 돈독하지 못함을 버려두지 아니 하나니 남이 한 번에 잘하거든 나는 백 번을 하며, 남이 열 번에 잘 하거든 나는 천 번을 할지니라."고 하였으니 이것은 맹자(孟子)가 이른바 시련(試鍊)을 통하여 능력을 개발하는 것으로 말하기를 "하늘이 장차 이 사람에게 큰 일을 맡기려고 할진댄 반드시 먼저 그 심지(心志)를 괴롭히며, 그 근육과 뼈를 수고롭게 하며, 그 몸과 피부를 굶주리게 하며, 그 몸을 가난하게 하며, 행함이 그 하는 바를 어긋나게 하나니 마음을 격동하고, 성품을 강인하게 하여 일찍 그 능숙하지 못한 바를 더욱 증진시키려는 까닭이니라."(告子下)라고 밝혔다.

늑당(扐堂) 선생은 하늘에 찬열히 빛나는 규성(奎星)의 정기(精氣)를 받아 천진무구(天眞無垢)한 순수본성(純粹本性)을 타고나서 어려서부터 대장부(大丈夫)의 독행특립(獨行特立)하는 자질이 있었으며, 일찍이 가학(家學)을 부지런히 갈고 닦아 4서5경(四書五經)을 비롯하여 제자백가(諸子百家)를 두루 섭렵하였으니 문사철(文史哲)에 박식할 뿐만 아니라 유불선(儒佛仙)의 궁극적 논리체계를 꿰뚫어 간파하였으며, 또한 청(淸)나라 오랑캐가 날뛰는 암흑시대를 만나 종속국가의 한계상항을 극복하기 위하여 웅대한 계책을 도모하였지만 끝끝내 뜻을 얻지 못했거늘 가정적인 불행까지 겹쳐 인간의 비애를 온몸으로 겪었음에도 마침내 천지(天地)의 도덕(道德)을 밝히고 시대의 정의(正義)를 부뜰며, 인생의 가치를 발견해서 우리나라를 빛내는 대시인(大詩人)이 되었다.

늑당(扐堂) 선생은 이름이 제규(濟奎)요, 자(字)는 성백(星伯)이며, 자호(自號)를 처음에는 석담(石萏)이라 하였으나 뒤에 늑당(扐堂)으로 바꾸었으니 성(姓)은 윤(尹)씨요, 본관(本貫)은 해평(海平)이다.

조선왕조 순조(純祖) 10년 경오(庚午: 서기1810)년 11월 27일 경기도(京畿道) 여주군(驪州郡) 점동면(占東面) 사곡리제(沙谷里第)에서 태어나 70세로 고종(高宗)16년 기묘(己卯: 서기1879)년 정침(正寢)에서 졸(卒)하니 그 손자 원섭(元燮)이 유고(遺稿)를 정리하여 늑당유고(扐堂遺稿) 4권과 가승(家乘) 1권을 필서(筆書)로 써서 세승(世乘) 1권, 단원화수집(團圓花樹集) 1권, 늑옹척독(扐翁尺牘) 1권, 늑고(扐稿) 1권과 함께 지금까지 집안에 비장(秘藏)하여 왔는데 이제 그 현손(玄孫) 덕진(德鎭) 사문(斯文)이 번역코자 문중(門中)에 결의하여 늑당윤제규선생문집(扐堂尹濟奎先生文集)이라는 이름으로 국역본과 함께 영인본(影印本)을 출간하게 되었다.

늑당유고(扐堂遺稿)는 1권과 2권은 시(詩)인데, 시의 제목이 아주 긴 것은 국역본에 독자가 인용하기 편리하도록 역자가 짧은 제목을 달았다. 3권은 서기(序記)이며, 4권은 행권(行卷)이다. 이에 늑당윤제규선생문집(扐堂尹濟奎先生文集)의 국역본은 단원화수집(團圓花樹集)에서 늑당(扐堂) 선생의 시와 늑고(扐稿)의 글과 늑옹척독(扐翁尺牘)의 편지를 모두 번역하여 보유(補遺)로 첨부하였으니, 글씨가 초서(草書)로 되어 있어 초서에 밝은 위창복(魏昌復) 학자의 손을 빌려 해서(楷書)로 복원하여 번역케 하였음을 밝혀 둔다. 가승(家乘)과 세승(世乘)도 모두 국역하여 해평윤씨가승(海平尹氏家乘)으로 합본(合本)하였으니 읽고 연구하기에 편리하도록 배려한 것이다.

2. 가계(家系)

늑당(扐堂) 선생의 아버님은 휘(諱)가 기선(箕善)이고, 호(號)가 자헌(柘軒)이니 문장(文章)에 조예가 깊어 사람을 감동시키는 시집(詩集)이 있고, 할아버님은 휘(諱)가 철건(喆健)이요, 호(號)가 중록(中麓)으로 성리학(性理學)에 정통하여 독서수신(讀書修身)을 강조하는 시집(詩集)이 있으며, 증조할아버님은 휘(諱)가 정겸(正謙)이고, 호(號)가 육송재(六松齋)로 천문(天文), 지리(地理), 인사(人事)에 밝아 늑당(扐堂)이 태어날때에 그 앞날을 점쳐서 학문이 반드시 성공하도록 경계하는 현호첩(懸弧帖)을 내렸는데 그 내용은 하늘에 규성(奎星)이 집에 찬연히 비치는 것을 꿈꾸고 네가 태어 났으므로 이름을 제규(濟奎)라고 지었다는 작명(作名)의 내력을 기술하고, 하늘의 28수(宿)에 부응하여 4×7은 28자의 한시로 앞날을 다음과 같이 축복하였으니 국역하면 다음과 같다.

"꿈속에서 장경성(長庚星)이 집에 비쳐 밝았나니 네가 태어나므로 이것을 기념하여 아름다운 이름을 내리노라, 수(壽), 부(富), 다남(多男)의 세 가지 복을 갖추고, 문학, 언어학, 정치학, 도덕학의 네 과목을 완성하라."

이어서 또 경계하는 뜻으로 한시를 지어 당부하였으니 국역하면 다음과 같다.

"동강(東岡: 十世祖 諱殷弼)의 충간(忠諫)으로 남은 경사를 펼치고, 남악(南岳: 十二世祖 諱承吉)의 맑고, 고결함으로 뚜렷한 이름을 계승하라, 덕행(德行)은 공경하여 현조(玄祖: 諱龜相 號雪洲)의 가르침을 따를지며, 문장(文章)은 마땅히 네 아버지(諱箕善 號柘軒)의 성

실성을 본받도록 배우고 늘 익히면 장차 길고 크게 될지니 출세하거나 집에서 공부만 하거나 앞날에 반드시 성공함이 있으리로다."

해평윤씨(海平尹氏)의 시조(始祖)는 휘(諱)가 군정(君正)이니 고려조(高麗朝)에 고종(高宗)과 원종(元宗)을 섬겨 벼슬이 수사공상서(守司空尙書) 좌복야(左僕射) 판공부사(判工部事)에 이르러 충의(忠義)와 용맹(勇猛), 지략(智略)과 덕망(德望)을 드날렸기에 대대로 벼슬을 하였다.

2세(世) 휘(諱) 만비(萬庇)는 부지밀직사사(副知密直司事)요, 3세(世) 휘(諱) 석(碩)은 도첨의우정승(都僉議右政丞) 해평부원군(海平府院君) 시(諡) 영의공(英毅公)이며, 4세(世) 휘(諱) 지현(之賢)은 정당문학(政堂文學)이고, 5세(世) 휘(諱) 방안(邦晏)은 진현관제학(進賢館提學)이었다.

조선왕조(朝鮮王朝)에 이르러서는 휘(諱) 사수(思修)가 처음으로 벼슬하여 참지의정부사(參知議政府事)가 되었으니 6세(世)요, 7세(世)는 휘(諱)가 처성(處誠)으로 수원도호부사(水原都護府使)이며, 8세(世)는 휘(諱)가 면(沔)이니 증좌찬성(贈左贊成)이고, 9세(世)는 휘(諱)가 훤(萱)이니 증영의정(贈領議政)이며, 10세(世)는 휘(諱)가 은필(殷弼)이요, 호(號)가 동강(東岡)인데 당시 승지(承旨)로써 기묘사화(己卯士禍)의 부당성을 직간(直諫)하였으니 사실이 기묘명현(己卯名賢)의 당적(黨籍)에 실여 있으며 벼슬이 이조참판(吏曹參判)에 이르러 증영의정(贈領議政)이요, 시집(詩集)이 있다. 11세(世)는 휘(諱)가 홍언(弘彦)이니 사헌부감찰(司憲府監察)로 증영의정(贈領議政)이며, 12세(世)는 휘(諱)가 승길(承吉)이요, 호(號)가 남악(南岳)이니 의정부좌참찬(議政府左參贊)으로 증영의정(贈領議政)이며, 시(諡)가 숙간(肅簡)이요, 문집(文集)이 있다.

19세(世)는 휘(諱)가 구상(龜相)이요, 호(號)가 설주(雪洲)니 성균관전적(成均館典籍)으로 시집(詩集)이 있는데 곧 선생의 고조(高祖)이다.

늑당(扐堂) 선생은 전주이씨(全州李氏)를 배필(配匹)로 맞이하여 슬하에 1남1녀를 두었는데 부인이 어린 아들·딸을 남겨두고, 홀연히 질병을 얻어 작고하였으니 선생이 32세 때로부터 어린 자식을 홀로 길러서 아들 헌영(憲榮)이 장성하자 원주원씨(原州元氏)를 며느리로 맞아 두 손자를 얻어 겨우 가정의 안정되찾았다.

그러나 선생이 45세 때에 참혹하게도 아들 헌영(憲榮)이 25세의 한창 나이에 질병을 얻어서 죽거늘 며느리 원주원씨(原州元氏)마저 과부가 된지 51일만에 30세의 나이로 순절(殉節)하니 졸지에 두 어린 손자를 홀로 길여야 되는 딱한 처지가 되어버렸다.

젊어서 상처(喪妻)하고, 장년(壯年)에 아들과 며느리가 죽은 가정의 비참하고, 암담한 운명을 온몸으로 겪으면서도 애써 학생헌영배유인원주원씨(學生憲榮配原州元氏)의 유사(遺事)를 지어서 며느리의 절의(節義)를 현창하고, 손자 원섭(元燮)을 손수 가르쳐 가문(家門)의 미래에 대한 희망의 끈을 오로지 붙잡고 살아야 했다.

3. 출처진퇴(出處進退)의 의리(義理)

공자(孔子)가 말씀하시기를 "어진 사람은 어지러운 세상을 피하고, 그 다음은 어지러운 나라를 피하며, 그 다음은 무례(無禮)한 임금의 얼굴빛을 피하고, 그 다음은 무도(無道)한 임금의 말을 피하느니라, (子曰賢者는 辟世하고 其次는 辟地하고 其次는 辟色하고, 其次는 辟言하니라<憲問>)"고 하였다.

그러므로 공자는 춘추(春秋)를 다듬어 왕도(王道)를 높이고, 패도

(覇道)를 천시하는 존왕천패(尊王賤覇)와 문명국을 중심으로 하고, 야만국을 밖으로하는 내하외이(內夏外夷)와 착한 사람을 표창하고, 사악한 사람을 징계하는 포선폄악(褒善貶惡)의 춘추대의(春秋大義)를 뚜렸이 밝혔으니 선비가 벼슬길에 나아가 출세할 때와 초야에 숨어서 고상한 뜻을 지킬 때를 판단하는 기준이다.

인조(仁祖) 9년에 일어난 병자호란(丙子胡亂)을 대처함에 있어서 조정(朝廷)의 논의는 도덕적 양심(良心)을 지키려는 척화파(斥和派)와 현실적 실리(實利)를 취하려는 주화파(主和派)로 분열 대립하였다.

왕이 남한산성으로 피란한 상황에서 성이 포위되고, 세자가 피란한 강화도가 함락됨에 이르러 마침내 가장 치욕적인 모습으로 삼전도(三田渡)에서 인조(仁祖)가 청(淸)나라 추장에게 항복하니 김상헌(金尙憲) 선생의 척화론(斥和論)을 지지하는 사림(士林)은 청(淸)나라에 종속한 정부에 벼슬하는 것을 수치스럽게 여기고, 초야로 은퇴하여 절의(節義)를 지켰다.

효종(孝宗)이 즉위하자 설치복수(雪恥復讐)를 위하여 우암(尤庵) 송시열(宋時烈) 선생과 은밀히 북벌대계(北伐大計)를 도모하여 청(淸)나라를 멸망시키고, 명(明)나라를 복원하려고 하였으나 김자점(金自點)의 밀고(密告)로 좌절되었을 뿐만 아니라 갑자기 효종까지 승하하였기에 북벌론(北伐論)을 주장한 사람은 초야의 깊은 산림(山林)으로 숨어 충효절의(忠孝節義)를 지켰으니 이른바 산림학자양반(山林學者兩班)세력을 거대하게 형성한 것이다.

산림(山林)이란 사림(士林)가운데 벼슬을 포기하고, 초야에 은둔한 선비를 지칭하며, 학자(學者)란 도학(道學)으로 인격을 수양하는 사람을 일컬으며, 양반(兩班)이란 있는 힘을 다하여 임금과 어버이를 섬기고, 마음을 다하여 충성과 효도를 절실하게 추구한다(竭力勤事君親曰兩이요, 盡心切志忠孝曰班이라)는 뜻으로 문무(文武)관료를 지칭하는 동반(東班)과 서반(西班)의 양반(兩班)과는 아주 다르다.

숙종(肅宗) 시대에는 이러한 북벌(北伐)정신에 의거하여 북한산성과 남한산성 및 수원성과 강화도에 초지진과 광성포 등에 돈대를 쌓았고, 또한 금원(禁苑: 秘苑)에는 대보단(大報壇), 가평(加平)에는 조종암(朝宗巖), 화양동에는 만동묘(萬東廟)를 세워 임진왜란(壬辰倭亂)에 구원군(救援軍)을 파병했던 명나라의 은혜에 감사함과 동시에 청(淸)나라의 야만적인 패권지배(覇權支配)에 대한 복수의식(復讐意識)을 더욱 고취하였던 것이니 만절필동(萬折必東)의 충효절의(忠孝節義)사상이다.

영조(英祖)와 정조(正祖)는 이러한 춘추(春秋)정신에 바탕하여 문치(文治)를 진작해서 강상윤리(綱常倫理)를 크게 천명하고, 호로(胡虜: 胡奴)의 습속을 멀리하며, 소중화(小中華)사업을 전개하여 동방예의지국(東方禮義之國)을 건설하니 민족의 긍지가 되살아나서 청(淸)나라 오랑캐를 멸시할 뿐만 아니라 나아가 도덕불멸(道德不滅)과 정의필승(正義必勝)의 기개로 천하도덕(天下道德)을 자임(自任)하는 일선(一線)의 양맥(陽脈)이 오직 이 땅에만 살아 있음을 과시하는데 이르렀던 것이다.

늑당(扐堂) 선생은 순조(純祖) 10년에 태어났으니 병자호란(丙子胡亂)을 겪은지 이미 175년이 흘렀기 때문에 맹자(孟子)가 말한 군자의 은택도 5세(世)에 끊어지고, 소인의 은택도 5세(世)에 끊어진다(孟子曰 君子之澤도 五世而斬이요, 小人之澤도 五世而斬이라<離婁下>)는 논리에 따르면 출처진퇴(出處進退)가 자유로울 수 있는 것이었다.

그러나 춘추(春秋)에서 밝힌바 군부(君父)의 원수는 100세(世)에 반드시 갚아야 된다는 논리에 따르면 아직 청(淸)나라에 복수(復讐)를 하지 못했으므로 결코 벼슬할 수 없는 의리(義理)가 있는 것이다.

늑당(扐堂) 선생의 시대적 고민은 여기에 있었으므로 오로지 도덕을 높이 기르고, 정의를 즐겁게 생각하면서 곤궁해도 정의를 잃지 않고, 영달해도 도덕을 떠나지 않은 길을 선택하여 일로매진하였는데 만일 그 도덕을 행할 수 있는 벼슬(行道之仕)이나 임금이 교제를 하려는 벼슬(交際之仕)이 있었다면 어찌 피하리요만 끝끝내 부름이 없었거니와 또한 아무리 곤궁해도 녹봉이나 추구하는 녹사(祿仕)는 아예 관심도 없었기에 평생에 정치적 이념과 사상을 감추고, 세상에 숨어 살며, 도덕불멸(道德不滅)과 정의필승(正義必勝)을 확신(確信)하고, 새 시대의 도래(到來)를 점쳤다.

4. 늑당시집(扐堂詩集)을 읽는 방법

나는 일찍이 새 시대 세계 속의 한국을 건설하기 위해서는 제3세대가 등장해야 된다고 역설하였다.

제1세대는 일본의 제국주의의 침탈에 대항하여 독립전쟁을 열렬하게 전개했던 세대이니, 우리 동방예의지국의 위대한 정신문화에는 투철했지만 군함과 대포로 무장하여 오로지 식민지 개척에 혈안 된 국제조류에 밝지 못하여 마침내 나라를 잃고 비분강개한 세대이고, 제2세대는 미국이 태평양전쟁에서 승리하여 일본제국주의가 패퇴(敗退)하므로써 8·15광복을 맞이하여 새 나라를 세운 세대이니 미국의 민주주의와 소련의 공산주의를 부지런히 도입하여 이 땅에 정착시키려고 노력하면서도 정작 민족의 역사와 전통과 문화에는 캄캄하므로 오로지 현대화, 서구화만을 웨치며 시행착오만 거듭하는 세대이다.

이제는 현대세계조류에 철저하면서도 민족의 정체(正體)를 밝게 알아서 새 시대 세계 속의 한국을 건설할 수 있는 제3세대가 출현할 때가 되었다. 그래야만 세계에서 가장 아름다운 이상국가를 건설하고, 또 가장 높은 문화국을 창조할 수 있는 것이니 늑당 선생의 시집(詩集)은 우리 민족의 정통사상을 천하의 가장 보편적 시각에서 그려낸 역사의 보고(寶庫)라고 할 것이다.

늑당 선생의 시집을 읽지 않고, 우리 민족의 정통사상과 정서 그리고 얼넋과 풍류를 알았다고 장담할 수 없을 것이다.

유교(儒敎)사상은 그 인의예지(仁義禮智)의 효제충신(孝悌忠信)의 가학(家學)을 말미암아 전시편에 속속들이 갖추어 있고, 도교(道敎)의 신선사상(神仙思想)도 자연의 아름다움을 노래하는 글 속에 가득히 넘쳐 신비로움을 한껏 더했으며, 불교(佛敎)사상을 이해하려면 반드시 먼저 "권수계(勸修偈) 30절구"를 읽어야 할 것이요. 늑당 선생의 시(詩)사상을 배우려면 "사위 목구신(睦屨信)이 마침 다른 자리에서 애써 운자를 거듭하여 4수를 지었다고 말하면서 또한 촛불을 켜고 급히 지으라고 독촉함"과 "시도해(詩道解)를 반드시 읽어야 할 것이다.

그리고 늑당 선생의 시적(詩的) 재능(才能)과 상상력 및 표현력을 알려면 "7율(七律) 38수와 7율(七律) 22수"를 읽으면 비록 시에 대한 문외한 일지라도 경탄하여 마지 않을 것이고, 늑당 선생의 시격(詩格)을 알려면 설날에 느낌을 기록함(元春志感)을 읽어야 한다.

늑당 선생이 가슴에 품고 경영했던 경세(經世)의 도량을 알려면 "인간의 다섯 가지 복에 오래사는 것이 으뜸이로다."를 읽으면 알것이고, 약소국의 외교방법을 설파한 "부사(副使) 민영위(閔泳緯)에게 새 해를 하례하여 줌"을 읽으면 지혜의 주머니를 하나 얻으리라.

늑당 선생의 멸청복명(滅淸復明)의 북벌(北伐)사상과 시대적사명에 투철한 정신을 알려면 "서울의 여관에서 입으로 긴 시를 읊음(京旅口號長句)"와 "어리석은 선비는 과거시험장에서 늙는다(愚生老於場屋矣)" 및 "늙은 나무꾼의 그림(老樵圖)를 반드시 읽어야 한다."

또 늑당 선생의 붕우유신(朋友有信)사상의 민족정서를 알려면 "같은 나이의 여러 벗을 그리워하면서(懷同庚諸益)"의 벗을 길이 사랑하고 공경하는 아름다운 신의(信義)를 눈을 씻고 보기 바란다.

늑당 선생의 국토사랑은 행권(行卷)에 있으니 우리나라의 명승고적을 직접 찾아가서 역력하게 시와 글로 기술하여, 산천의 형국과 아름다운 경치를 모두 거두어 모으려고, 3,000리 강산에 발길이 이르지 않은 곳이 거의 없는 것이다.

늑당 선생은 민중의 고통을 함께 더불어 나누고, 선비의 고결한 지조를 홀로 지키면서 군자국(君子國)의 문화풍속을 그리워하며, 성현(聖賢)의 깊은 뜻을 길이 전하고자 하였으니 새 시대에 민족(民族)의 자아(自我)를 발견하는 대훈(大訓)이요, 세계 속의 한국문화의 자랑이다.

끝으로 이 영인본 늑당 윤제규 선생 문집은 그 손자 윤원섭의 필사본 늑당유고를 축소영인하였음을 밝혀둔다.

目次

‖ 扐堂遺稿 一 ‖

/ 43 /

詩

- 43 -

‖ 扐堂遺稿 二 ‖

/ 183/

詩

- 183 -

‖ 扐堂遺稿 三 ‖

/ 365 /

記序

- 365-

‖ 扐堂遺稿 四 ‖

/ 481/

行卷

- 481 -

‖ 艻翁尺牘 ‖

補遺

詩

扐堂遺稿 一

扐堂遺稿卷之一

孫男 元燮輯

詩

古結客行贈洪李達在桂八首

聞名似古人生也實同時大家逼境語一見一稱奇

士也他自佳于儂奚裸盃逢人猶徧讚惟恐誰不識

縱然人素昧身表畧聞知但愁知未熟相見反生疑

豈爲見他面友道堪痛哭千載一知己甘心長閉目

蠢蝡作蟄藏五蟲人爲嬴名士若相求世間方有我

若人誰相似清風與明月風月低一着不能人肌骨

倏欲出門去我有雙不借閒說月漪水淺〻纔沒脖冷暎他不管薄俗喜揶揄恠来一笨伯文酒恣胡盧

奉酬雲下李丈 玄徹 十二首 附自註

霏香飄豔匝村隣百本姚黃政閏春别有幽期随境好詩中人是夢中人 姚黃節晩政紅榴字不妨

韻人無約淡相逢埽却塵談蔗别聯明月為吾清露汝草花香處每從容

評泊鍾彝又古書酒如多〻勸倒生䟽一眠一起還同榻夜久苔花緑上裾 第二句非但自家不嗜飲本色可與今世友道上一切需用

詞家高調本無雙拍〻聲歸咽〻腔可使歌兒添别

曲風流仍是鄭松江（下二句帶得闌東本色）

鑿處無人善解圍低於熱欲劇霜威却從情界迷離甚只漫留行不駐暉（乍烘熱乍潔痒自是惜別光景）

池面浮萍不耐風回旋如舞忽西東人生似許無根蔕乍合還離盪漾中（盪漾着字安平地亦風波）

雨中黃鳥不禁啼汀州多情綠剪齊望處重山當眼瞙秪應行樂是金篦（套鬢囀金鷄句更好）

自從減髮便添鬚氣血知應一處輸發願明年行脚健聯君筇屐入蓬壺

一色壺觴白淨瓷青泡冷麪酒相宜北布單衫京樣

好少年方革老人棋 全篇用東國方言

東州迫遞夢常迴知道情根去作媒涼簟忽疑蓬底

宿五更風雨落黃梅

新炊脫粟醃香芹憐殺清貧到白紛惟有青山共偃

騫晴窓讀畫淡初曛

猪窩鷄樹遶苔階雙扇柴扉蔭古槐歷歷籬梢横百

帆夏天風景似江淮 沙谷爲驪之三勝地前有大川接長阜院每於夏潦商船絡續故下句云

八詩之贈倏已去年事經歲不報無望原恕

謹依殖貨家子母法奉塞而和其詩不步其

韻乃元白以前規例可不罪否

和陶集飲酒二十詩韻

形神苦相負陸海殊所之一氣朝晡異吹呵況同時
賢聖計愈拙循蹈必於茲人何騎瞎馬顚倒漫不起
淺斟甘本分左手車螯持

畸人好涯岸居水或居山若了春秋義無敢立空言
波戈字萬殊評泊終吾年　皇考肇錫意非要壽世
傳

幽蘭谷裏聞馥郁非世情太上虛一頭餘子死於名
縱有斗筲才奚足惧平生空談耐暴席狐嗥便卽驚

奉觴謝千古幾人一藝成
鳥性太戀巢恒日不高飛空知六合大曠望鳴聲悲
初不傅翎毛猶堪倚處依江湖即樊籠無去豈有歸
形氣止此已前後孰盛衰百年亦一日吾與爾何違
晨起辨窓櫺已聞街市喧點檢身何世東南地又偏
有時窮遊衍流水出青山〻氣晚清淑甘與鳥共還
一飲滌塵襟棲泊欲忘言
死守虹橋柱鳥有朔無是步上廣寒宮遨與問成毀
玄縡欲生愁曠絶誰能爾歸来俯蜃樓添檻仍結綺
靈均賦獨醒徒餐惜秋英遺香配新釀方始愜幽情

長瓶臥勞卅白日已西傾天地若不愛肯假八仙喝
勒功復立傳吾亦頗達生
春木晨耀華各有生香姿畫師劇潑趣開厨寫枯枝
下士渾此類捨正爭趍奇可笑節飲人辛苦欲奚爲
恐他性不返如馬奪韉羈
柴扉齊設穩蘿草一線開客來同榻臥晚風時入懷
豈若市交人横張郎豎乖冷官猶有車街兒笑鷄棲
况我一兩屐折齒印晴泥晚學通身術曼倩昔俳諧
世豈夷險異凡人悟亦迷從今署翹部星駕不言回
攤史郎談龍吾東海一隅文多摭俚諺人嘲老柏塗

但須溯詩源毛鄭作前驅云何三百篇辭旨最紆餘
幾希不言酒所以讀平居
讀字云救飢敎兒用此道兒幸不聽明篤信惟長老
問將答何辭遷固劇枯槁長貧又不學吾貌倩誰好
竟付臧穀亾肯别齊梨寶褁海皆同俗逝矣遊八表
人事惟懽笑百年具壯時誰能見來劫詒後空費辭
愁城縱無土其大百龜茲萬甲不能破孫吳猶自疑
何來一句物偏共晩風欺杜康真善誨歸來俎豆之
草氣夕蒼凉縱目皆神境徊徨如有待大寐誰能醒
清濁無所失推君作袖領春物不敢奢色相真超顛

時復管中窺此外無彪炳
人憎我亦憎無妨期不至鼻雷騰四隣獨飲還獨醉
謂我既棄世其言骨欲次枯淡豈本心夢中猶豪貴
盤列蔬與肉君但味此味
我念眠時我摧〻但空宅死者當奈何來去魂無跕
推以眼前事忽〻萬八百鬚髮太多猜公肰黑者白
生固無裨程麴蘖偏悵惜
昔賢皆真姿偏能媚六經辛勤闡一理天地仰生成
近世猶糟魄焚膏坐五更義在行墨外撰牘何遲庭
著作儘非分咀〻雞兒鳴幸藉澆磈磊聊以暢吾情

前年種楊柳楊柳今已風朱炎午不知彷彿竹林中
酒情因境生似悟禪六通金帛渾是影恐成杯中弓
韻語多逼境皆從飲中得狂吟最支潤惡醉吾滋慼
醉極氣乘之亦足天地塞我有王霸才從當佐酒國
此道近高明鬼瞰應存默
太白三年謫淵明百日仕微甬不成趣今古許知己
更願長不渴無作瓶罍恥焉用方丈泥哀音繞萬里
生當騁遠覽帘影亘地紀未須窮道哭隨緣止於止
誰知明日事今朝差可恃
三古豈別地至人多葆真縱令終身隱所居民俗三

聖言卽常程人病是好新忽憶桃源事秦民枉避秦
網花非高致胸中尚俗塵四隣無厚薄誰最接殷勤
嗜飲不遠仙若人方可親風流邁江左談笑正津〻
夜歸君不識雲卧我何巾此樂誰所賜儂是酒隱人

夏夜

塵心都淨盡燈與眼俱青謾續憎蠅賦堪箋瘞鶴銘
屋滲霄夜雨窓缺漏晨星世乏能文冠書樓夜不扃

醉中戲題命曰芥子須彌吟

至人超象外摸影說丁寧種竹尋梅譜看山誦海經
絲花能引蝶止水不浮萍院妓誇貞靜村巫斥誕靈

燕歸忘舊社鴻去避虛汀掩戶雲生榻垂帷月照欞
跳丸如我嬾飛瀑爲人停喋啞皆雄辯聹聵最善聽
雨乾泥簇〻林曙日冥〻入海徐生返匪風列子冷
曾聞靈輒餓長見伯倫醒試使無明者持燈且拾螢

俳體三十絶句

戱筆命題畧擬詞曲而吾亦東人聾於聲律
恐不免

滚卧樓陰飽一眠錯將斜照認東邉歸来洽際佳人
笑白鳳仙花似舊年 後竹枝
輕夫書船穩下灘夕陽多在縄洲山晴沙白鳥無分

别何處樵童一笛還 白鴎飛

一生全是澹来身茶酒琴書擁四鄰不識唐虞凞皞

世漫將何事餙王春 升平樂

蕉花破蕾倒寒潭搔首登樓月影涵此似秦淮桃葉

渡敲鬟一〻荷青籃 小江南

濃花膩葉卧芳堤即日西風日又西小雨留連何處

客東厓獨上潑襟題 殿春

鐘殘漏盡客登舟天末歸雲覺社秋草際虛明生遠

眺無端人立是耶鴎 雨船夢

佳士高僧當一面寺樓晚賞抵詞垣燕城疎雨沾殘

夢巾展微侵酒氣溫 水寺殘月

蟬去蛩来遞賞音鏗鏘那及響春禽詩家只漫論優劣畢竟玄玄造物心 半江秋

憐殺貧僧業滬麻出林高屐響晴沙蘭風伏雨無消折紅槿今朝又一花 紅槿枝

遠岫青蒼一抹垂翠楼斜壓紫姑祠好是前宵簫鼓競歸舟滿載牡丹皮 牧丹船

澗氣清涼夜更宜綠蛙跳上碧花攤簑衣換却生衣好書業田功各一時 洗鋤樂

孤眠宜醉醉宜眠嘉樹虛亭一穩仙沙禽亦入詩家

境月上蓬窓夢欲圓 白鷗夢

春江如帶綠還波風送飛花瞥〻過醒醉中間貧叟

甚且教通德典金釵 典金釵

腸斷飛花到地香半園春事極蒼茫眠鷗不負漁人

夢長在風蘆雨葦傍 春江漁子

林聲和月入巖栖明暗無關讀馬蹄却怕仙禽還識

字空階時下印晴泥 造書時

蛺蜨團飛樹〻花祇應遊子是究家猶然擬上滕王

畫戟紛〻地任斜〻 畫廊春

從少因緣白舫牵任情来去水雲邊上江估客還相

識湍擱挑歸賽酒錢 漁人老
西鄰急杵趁秋涼水步槐花覺已黃自是鳴環學人
語聲〻如喚壯元郎 壯元郎
朝來粉堞映江明塞鴈南飛字〻鳴多少秋懷消不
得最關情是浣紗聲 浣紗月
哀絲急管下西洲年例今宵太守遊箇處尋常啼燭
淚寸心灰盡惜風流 老遨頭
白袷衣稜料峭風淺蒲溪莞一齊紅怪來夕鳥垂頭
坐樹不長春枝亦臨 後柳枝
市樓南畔盡炊烟湖上紅鮮半在船賣藥人來必索

米夕生究業是青錢 散金錢

三日東風三日雨人將柳縷劇回旋傍、楊看官来也

去西廂讀半闕齋篇 吳門市

松顛癯鶴舞仙々凄斷輌歌又一邊生死悲懽渾不

管遼陽家世桂齊年 人未歸

桃傢夕々是馬兜鈴燭淚滛々映眼青竹色染心難任

鬓玄蟬飛上々枝鳴 甲煎香

蝴蝶偎揚白滿天怕君入夢懶成眠抽刀斷却情根

盡脫手歸来柳絮顛 白蝴蝶

楊柳絲々蔭白津魂銷此髻一條銀無情更醉夕情

夢〻裏吾將管醉人 (醉也夢)
染畫番椒分外紅天生乾沒是霜風青絲白雪從誰
換還有孤舟曬網翁 (天長地久)
生憎古木蔭書樓病葉蟲雕字〻愁時有漁翁覺睡
睡洞簫吹徹白雲秋 (勝古人)
吾園竹長便勝樓巧石麁禽抵死留西日環宵持一
念詩家竟債償風流 (白雲留)

孟秋書懷長句百韻 (自註評)

瘦損年來帶孔移況添嘔泄粥黃蓍從前懶癖須便
腹晚後閒愁始到眉大抵儀章皆北學云何疆理尚

東夷 平生至恨東夷之人 氈裘滿域天應厭衣屨偏邦地不卑
却望遼河横一帶非關絶塞界三垂遺風尚賴殷師
在陋俗還慚魯聖遲馱九經來扶世教 薛弘儒賫來九經國人始
知為學 統三韓浚奠民彝 麗太祖始統三國而典章畧備 黄巢檄草唐
人誦 崔文昌入中朝為高駢從事艸黄巢檄 文曲星精衆使知 宋使見姜邯贊
下床拜曰久不見文曲星今在此 禮俗中華應大小偉功洪武始雄
雌 我太祖以洪武二十五年壬申立國而華人稱為小中華 儒宗彬蔚盡瀛洛
我朝儒賢足擬宋之瀛洛 瑞運昭融屬尾箕 我國躔土屬箕尾分 撲地田蠶
周井制登廷冠劒漢官儀檀王以降千年祚 自檀君至三國
各享千年 綿曆之歸萬世基會典重刊 宗牒辨 皇明會典書成

我朝璿系有訛誤處遣使辨誣特命改刊頒示洋書已燼倒瀾衰西洋天主教入
我國巧惑一世卿士有漸染者純廟辛酉特令查治根窩毀燒其書滄桑屢見麻姑
老翼宗以庚寅薨于儲宮純宗以甲午賓天憲宗以己酉賓天二十年間滄桑三變鄰婦
何知漆室悲天幸 東朝臨率普民情西望起侹巤
憲宗無儲貳以慈旨奉迎當宁于沁邸々在都城西畦方春赦令元平憶薄海
謳吟夏啓北當宁本系以莊獻世子爲曾祖郎純祖從祖凡弟之子耆碩酬
知宜體國循良宣德敢言私顧瞻 聖學江河淩多
荷洪恩雨露滋文武若干人以獲戾先朝臺論竣發而俱被減死之恩雖趙東鉉賜死
終古消長關氣數阿誰進退繫安危游觀金公重卜入相而都民加
額八域拭目蓬壺咫尺迷津畔綺陌尋常有路岐無限斜

陽生遠望有情明月似當時趙秉鈞有〻情明月下楊州之句明月妓名云
瘴江何地繞收骨宦海前程又夢屍生適逢時聊自
賀才無需世欲誰欺此下叙近世科目與士習之失升平白日忱槐
節都大青衿老棘籬名闕先推題雁塔俊髦還阻漸
鴻逵飛卿鈹行真堪怒若無溫飛卿文士滿朝廷張爽無文便更
音 聖度即今知損益衆心那復筮睽離初元樂歲
伊誰賜昭代閑民却自怡先輩風流餘斷簡 皇明
日月剥残碑此下畧叙我朝中葉上下文章家數蒼茫墨寺壇千古李東
岳家墨寺衕以詩壇補 冢寞鷗汀水一涯韓上黨起狎鷗亭于漢江南岸其後巨匠
題咏甚多落木曾題丞相墓權石洲題鄭松江墓云空山落木雨蕭〻相國風流此寂

梟澹雲多在小姑祠金清陰遊燕京詩云菊垂蘭摧八月時澹雲疎雨小姑祠王漁

洋盛稱之溶〻點〻神應泣金壯元黃元遊平壤詩長城一面溶〻水大野東頭點〻

山拍〻摧〻髩已絲朴挹翠題永保亭云地如拍〻將飛翼樓似摧〻不繫蓬朴以

二十八歲終而先此頭須皓白淘洗六朝移俗尚南藥泉常稱淘洗六朝舊陋然後詩

道可支挽回三代仰吾師眉翁爲文以三代自期格適未是蘭亭

面思曠寧爲道副皮芸閣諸公皆峻選健陵初載

又文治奎章閣興廢在於 國初而 正宗重恢舊規俾掌絲綸抄 啓文臣極峻其人與才也

誰言科製偏湫陋儂道詞華轉綺靡近世詩人之蹈龒明清體成一

痼瘼梅社胡爲虔古像清人翁方綱慕悅蘓軾如聖人以臘月十九日瞻禮小照謂之

拜坡郎蕰之生辰也標其盧曰梅花社我朝申紫霞金秋史以詞翰見推於翁遂緒其論而龒其跡可勝

歎哉苙村曾不和高麗錢牧齋名其村莊曰碧梧紅苙錢之言曰絶勿與高麗人唱和
入時妙㨾推文董筆家以文徵明董其昌爲表率盖亦翁方綱之餘論並世奇
才擅宋施施愚山宋荔裳即中朝詩人而世以南施北宋稱意緒飛騰秋柳
句紫霞有前後秋柳詩聲名喧藉落花詩當朝名士有吟落花和者數百談空
孰擬遊玄牝隨分吾寧做白癡以下敍自家平生達士無人
知壽限人ㄑ是醉生夢死名山幾處鎮坤維支離楮葉成無
用惆悵瓊華折贈誰莫謂詞場傾李杜竟看萬里繞
棠梨時有何人坐負朝陽機心湖海雲千載身計田園兩一犂
不盡汀沙惟白鳥由来山郡最黃驪余家黃驪南三十里漁家
凡例蘆花被茶户鋪舒薜荔帷燕點鶯癡春去也鷄

踞嘷同鶴警夜何
其一
江風露桃源夢兩岸香霏楚國辭秧馬輸歸時正饁桑鵝採羅夕將炊脚閒猶有曾穿屨暗已伏線作詩明年移家東郭顏拙仍無可斷髭寫出自家小照若使離羣仙不顧除非度世佛相宜經春節食緣多病平生艱食不節自節鎮日擁書爲課兒自管論文無老少如今容物失妍媸備經艱險顛磴如飛洽聾却怕還聞蟻忍味猶賢舊辨淄過不及皆不中壯志曾期鑠似藺覇蹤贏得立如夔頻解涉世之法七年寒食秦宮楸十月生衣漢水湄此時光景惟自家知未必無心長習靜不知何事足忍飢丹青莫狀朱門欲近愁偷眼設有偷眼者不惟不生嗔反當十倍欽敬當日一何笑錯白笑相從笑

鬅頭(詩多為病)一徑霜痕淒郢瑟平生霞氣鬱毛錐肴因
却月時粧妒斤為生風俗匠疑(四句真是自家說使他人言之必不甬〻)
賦命偏應迷五鬼為文聊復罵三尸(既知賦命猶復罵之邪)吾
園別是清涼界(益信黃驪之擅勝)世路從渠汗漫期(果於忘世)舊
契追隨聯襏襫全家經濟蔭茅茨抱孫仍念多心偈
落子無聲四脚棋(追思之落子與抱孫作對領為身分上伏讖若是乎詩之不可作不)
(必作)太半成名同畫虎無誰遐志擬泥龜文翁底意憐
毛羽逸驥端宜獻馽(縶同)羈堯舜君民他自可金張冨
貴竟奚為若知尸素堪羞吝肯冒雖黃苦玩嬉在〻
閒忙猶勿說忽〻榮辱底相隨身材未易擎天柱物

性其如向日葵韓子原人非得已莊生齊物故將追
言難觧意仍呑棗事每臨機強酌蠡縱有雙眸猶瞑
眠緣何十指皆參差(至於追答先天耶甚矣)心肝輸盡非迎合
意氣歸来已背馳吏胥門庭多宛轉工商巾屨劇淋
灕(一切腐儒欲做工商吏胥不可得)兒眞妄計營三窟鷦自安身寄
一枝里衖常談人物評書厨間筆世程裨(口氣不死又復悅攬)
(世態纔及已志耶竟不如已下若干句之專事吟弄)糊塗最是囚山賦支潤無
如望海詞默證方須黃卷閱淡吟猶耐素襟披石呈
晩霽縈苔髮荷送香颼颼硯旗多愧捧心還露醜堪
憐折臂未成醫(如邪癲新瘵間闠亂譫)痾餘勝境眞如許覺後

良朋不在茲夢時良朋曾是何等人度夜青燈垂半壁報晴紅旭暎重楣栽松先已占壇地種秫要將給酒資短檐隨陰穿藥塢松壇未成不得不已扁舟迎客放蘆漪泉嚙半雜津〻語林氣如漆滿〻危客已來矣林已訖矣飲露餘音蟬轉澁尋魚舊步鷗常窺此非等閑蟬尋常鷺何為於此秋來忽似衰頹質春返多應綽約姿普天下垂老人同歎一唱過刼濱陽傳玅繪余於艸弁之交寓居楊根濱陽郎舊邑彌時有八疊詩畫前期海嶽訪名緇救苦觀世音緣留印老將樓櫥紫剎禽翁罐採芝蓴態偲〻雲夢芥豪情落〻鶴樓超西湖地欲頻〻到東晉人何箇〻思發願來世往生江南夜久百虫還自歇朝來萬葉不禁

吹烟知雨意工行地水訖田功懶入池水亦功成身退矣烟能陶附欲何為天末雖懷消不得人間節序迅如斯天末人間一攘淒其嵐光每引孤筇去帆影聊供一枕敧獨語移時仍咄〻拙謀淹歲漫覘〻覘〻者何事咄〻者何事吾亦忌之而都不如〻斷念息機最關愁病銷人骨餘事炎涼功我肌不得地而如是做則幾乎墨氏無愛萬念相乘俄聚散百年通計幾成虧本自無成虧如之何雀喧籬落青山出只漫幽人一笑之意想到此商也賜也

雪洲公忌辰志感二首

城市江湖七十年翩〻詞翰尚真傳如今氣像從誰問弦月孤高落木天

星翁評隲海翁銘衰世人文欲喚醒尚記黃花盃樽
處孝心長得慰先靈(王考每於忌辰取菊英奠觴卽 公棄歇也)

次雲下落成韻五首

林泉隨處恰容軀甲第誰家箔捲珠杜老晩蹤夔子
國石公餘趣淛家湖遷通鄰圃花籃散社罷村燈竹
榻孤亭適成時春醸好先生宜自醉翁呼

風月惟堪贖病軀臨槽閒聽滴真珠蒸藜炊黍王摩
詰品菊題梅范石湖事不經心渾整暇言難諧俗任
高孤爲憐節屐閒多日時被漁郎偶岸呼

百態偲揚一葉軀風爲竽瑟露爲珠雲經濟可蒸成

雨水性情應漾作湖路闊萬人猶病險禪依千佛不
勝孤任從殤鬼求仙籙都大言談入醉呼
浮名枉慕惜殘軀竹汗於人卽蚌珠壯志休題司馬
柱餘籌擬載范蠡湖恐教衰桂風中拉誰識疎桐石
上孤飯後蓬山應有地烟嵐幽處晩相呼
詩書爲業耐全軀學得枯禪數柫珠到老清貧非北
阮從前名勝有西湖鶴因警露鳴相和雁爲謀粱影
反孤傍鬼揶揄君莫諳春来官酒正招呼 既食離索老益難聊
而從氏令公時爲驪牧

鍾山有懷七首

衣君之縷飯君炊如是周旋十四朞縱把年籌工倒
換人間夫婦不支離
書燈曾借績燈爲雅謔猶思較藝時三十六行綿衲
袴未隨緗袠共遲々
十年心祝事難齊近夜來時氣色悽生者榮枯猶未
判泉臺仍是士人妻
男髫女乳遽先歸中饋無人百計非家事如今賢婦
在公姑稱彌奈相違
四載貞男東縛默靈如有覺倒應憐喚做新孃渠自
得可堪嬌戲繞床前

情界無如死別何葬君胡忍海山賖鄉園非乏容棺
地唐一行眞贖我多
風定鍾山夜有霜旅䰟何耐月蒼凉懵騰獨向村家
宿又被晨雞鬧夢場

詩人張兩蕉過我覔句仍强病共賦三首

剝啄烟扉薄日冥忽來芝宇耀山庭林塘曉氣三冬
雪湖海年光一客星夢路相尋宜結約心籌細數又
添零詩情好遣閒愁去今夜吾方有此亭
風霜如海晝冥〻歡傲經年懶下庭人事忩〻宜曉
漏朋交落〻有殘星緇塵到老從誰染玄雪迎寒任

自零歷盡東南山水地秖應佳句最名亭

燈蕊垂〻曙色冥詩愁牽我步虛庭侵床嫩意新抽
玉倒屋文苙舊典星病鶴爲豔風露冷老禪同學雨
花零親知洛下多相似不妨前期問水亭

客去無聊又疊前韻六首

閒斟綠醑餞玄冥坐到簾暉倒蘚庭歲色關情添日
日鬢華無計染星星暄冬尚較淺林冷晴雷時聲宿
雨零頻喜惠連身分大讀殼〻多在藕花亭

浮生將半尚況冥只送親朋入帝庭小牖不妨關夜
雪虛簷猶耐漏晨星聲名負我才焉用愁病連年淚

也零芋栗秋園仍廢業棲身惟有一茅亭
懶將名姓掛青冥湖海山林郎户庭四座清談重釀
酒百年長夢少微星梅花遇臘寒猶綻槲葉經冬靜
欲零石友東州頻悵望金蓉萬朶立亭〻
檢書燒燭眼花冥屨舄無聲柿葉庭元日隔紗聞急
杵溪宵遞月見繫星心期紫隼秋方厲身計黃楊閏
更零何處名山田時好且携家室結茅亭
溪風瑟颯炭雲冥強覓衣巾出小庭至願春臺調玉
燭前身帝座侍金星樵餘石磴蘭芽茁放後樊籠鶴
羽零隨處書塵留住甚佳山麗水盡吾亭

奉身高卧石林㝠雪挾餘寒透院庭醉後風儀巾折
角窟時心計𢌿無星誰知熘玉猶纈窓難道沙金太
瑣零料理春来夕雅事將盡花木集虗亭
新春夜話
樵歸榾柮夕烟沉鄰曲相從謾不禁韻事偏催今夜
短杯心不減去年深片雲猶可彌天雨寸木終爲滿
地陰無恙東風依約至晴窓許我恰題襟
清心樓和欋石洲韻
樓下江光滿意清前塵浩宵踏莎平懵勝欲向苔階
問圃牧何年是處行

晴沙作觜水分頭付與漁舠獨勝遊細數名樓興廢
事彎彎依舊柳川流驪江在勝國時源流甚細以柳川名云
銀鱗潑剌劈春波十日西風客帆多忙處閒情遙羨
汝手中柔櫓口菱歌
江劈羣山石作門錦官相似尚無猿愁人別有銷魂
處客夜雞聲兩岸村
無數飛來檻外山蒼茫遼鶴幾時還何須更續黃驪
志前輩名章盡此間州牧宋公持養擬續邑志權思九道其意故此及之

晚春遊上方

筏聲空外繞林歸山意溪痕綠滿衣遠碧不知何處

樹渝紅恰辦上方扉經寒老臘春猶懶困雨香蔬齊
更肥只是人情難活看晚花初葉淡相違

途中逢友人

枯松無影石生稜畫意相看最我能芳草十年迷沁
岸落花三月到嘉陵詩節遠似投孤島春夢難於理
亂繩洴澼聲中溪欲暝數家烟火逕層〻

途中遇驟雨投野屋少憩

東州名勝擅仙莊座上便姸第幾郎酒後歸人通體
軟花間棲鳥夙心香穩眠店是生初遇困涉溪真死
不忘茶飯逢迎猶分外淳風〻見稻魚鄉

和李復如 圭源 尊公壽席韻

弧傍瑞宿耀丁年曾是淸都白髮仙善頌緗桃来碧
海癯容縞鶴立靑田琴床雅韻流遲境玉樹生香集
勝筵花甲於公天餉厚壽樽餘瀝許廚傳

閔黃中 泳瓚 大祥日追輓五首

生平詩酒石莊生戢世居肰歲屢更依舊園亭風日
好鳥毅林韻不勝淸
泉臺亦已閱星霜倘識妻兒作練祥今夕豈曾前歲
有故人来哭麥風凉
萱艸萱花殢色芬路人堪涕謾云〻幽明一理伶仃

恨百遍思量少似君

傷心夢路草如烟半世論交只十年多少清言與佳什到今還是惡因緣

一病尋常自戰回那知片刻事皆灰秋山宿草曾惆悵禮限拘人未泄哀

金幼成 炳 集留飲餞春

春將歸去底相催原不煩人任自來今夜那由除曉漏我心從此欲寒灰千絲如雪衰翁柳萬顆凝珠肖子梅芳草綠陰他更勝灣碕秪合續傳盃

題崔公博 允植 詩卷二首

一派詩燈好思君作字前逶迤空色界便是佛方便
秋山半面皺忍飢人相似人間菊氣好天涯孰生死
所恨經籍内不見悲秋士

題權思九行卷三首

溪橋糝薄雪淡禽飛初夕行人太濮痒羸馬嘶水驛
雪後雞山失舊尖行人袖裏尚牙籤覷敎好趁冬天
店明月江湖第幾簷 雞山在忠州東權老遊清風十日而還故云
冷青官樹未歸人雪屋相看面面真再讀斯翁行卷
子遼陽仙鶴最傷神 時余有事州城圭山族祖及洪鈍軒亦在座權老秋後遊鶴野還故云

輓洪季達

千歲百悔舊相諳書有前冬未達函鬱〻耶堪泉下閑翩〻多負月中酣人如不死仙還拙世欲無詩鬼太憨君作故人余痛哭香烟一縷碧于嵐（季達嗜讀西廂記痛哭故人故云）

李馨彥（秀明）云亾詩以代哭

前身爲絮後身萍一㨾飄囘不少停亦似明金空躍冶未成鍾呂做蕤鈴

偶爾相逢逆旅頭怱歸小住各緣由如何此地情根托離恨悠〻淚也流

人言君死認虛傳少者傾摧理不然豈謂聲容長決絶從前一別易經年

生也無物愜心期如是延年便不奇佛說善人生極樂未應來世又今時

妻呼夫子女呼爺莫慰親堂暮景斜最有幽明無限恨圖書誰地欲傳家

孤墳無語艸離〻毛骨形聲却是誰幸也精魂埋不得姍〻時與夢爲期

申丈與權重牢宴詩以賀之

完福如將壽可致籛鏗遠勝郭汾陽公年欲耋床琴

在回首重牢六十霜
一室于今四世俱中年消息問黃姑也知雨露無偏
厚重見夭梔長舊株公以寬獄讞周城二十四年
咢香先裛繞庭芝公之長胤名禄甫與余有素誇說高堂酒滿卮
客亦聞来欽艷久更將一語祝期頤
重牢儀得而言之矣請以燨毛毪替納徵長公
執雁次公揖而入之門升之堂二抱君爲徵
氏諸曾孫爲玉童子孫婦若女執紅燭刺照
而導之前二子婦縩長命縷而紅之纏酒缸
而交登焉猗歟盛矣

勸修偈三十絶句留贈願堂寺住持曇鶴上人

觀化非關有佛幢心惟慧日氣長虹身爲一所無縫
塔到處安排淨土中

祇園無夏亦無冬蔵得光明卍字胷最愛長空雲盡
處團〻月心掛西峯

升殿三時折慢幢沙彌着臘自成雙但令念誦無量
佛終見魔君次第降

難將芥子納須彌此理於人最不疑刃蜜誰知多截
古老成猶復等嬰兒

試將因果證玄機多是春風迅發揮寄語人間修福

着善心法喜莫相違
自是輪回理不虛天堂一路莫躕躇箇中幾許人〻
到由甬平生惡念除
曾見刀山劍樹無眼前世路儘崎嶇如何一片清凉
土披得袈裟數椑珠
無死無生不是迷念中塵刹苦難齊那由到得蓮花
界自是蓮花不染泥
端宜念〻自持齋檀越何須更換牌緣化勸修原有
法不向茶飯作生涯
誰向潛山卓錫開菩提樹下絕塵埃凡心勝解相乘

處時有曇花暎後臺

一念慈悲始度人且將覺筏艤迷津功參過去莊嚴
刼方是禪門不壞身

上界鍾聲續々聞閒看甁水與天雲若使他生論勝
果清淨身宜七派分

三生俱是爹娘恩々重遺經仰世尊一切衆生迷不
悟幾人於此溯真源

一竿紅日照靈壇惟見飛蠅古紙鑽四十章經傳貝
葉書香端合鼻叅觀

百年人在鐵圍山三界諸天若可攀修證猶堪無懺

悔方来現在等循環
氷霜麻麥結因緣慚愧如今小乘禪入定何人勤誦
咒毗盧頂上竟超然
花木禪房竟寂寥惟聞梵語出青霄〻慕利沽名
客到此猶能萬念銷
行逢大海思杯渡坐對飛禽慕鵲巢誰得其皮誰得
髓祖師衣鉢恐虛抛
大願船頭進一篙衝過生死海中濤無因求滿真堪
笑這處何能罪業逃
無量世界即娑婆不是傳經自達摩水轉風回難着

脚到家消息問如何
異馥如闍薝蔔花歸来法界自成家談經念佛宜無
數着取恒河沙復沙
天女何心試革囊難回真實老和尚蒸砂作飯雖無
奈正法吾知己眼藏
蓮花漏罷始着更香積廚中飯未成惟有堂前共命
鳥一時交頸自和鳴
黄雀飛来入小瓶〻如不罷可藏形玄〻此理無人
會休恠常情認誕靈
嗟爾空門念佛僧塵心淨盡是蠲矜須看苦海慈航

繫濟度令人彼岸登
怱〻一刼等浮漚圓覺經聲始轉頭恭想如来同此
根業身生現隔中州
處世常持不染心終令義海溥胷襟無盡燈前觀物
我寰中萬理却昭森
清曉禪音繞繙龕〻〻前面坐瞿曇梵修方寸因緣
在不是羣生也太憨
林中碩果待霜嚴猶未通邊徹底甜知甬生前難了
事不多時刻迫西崦
由來世味苦而鹹賢聖猶難感至誠安得雖黃言不

到金人也似卧三緘

贈伶人廉桂達

靈山一拍客躊躇檀板敲稀按譜初勝似前宵茅屋裏破窓斜雨灑殘書

佳期不爲病儂遅夜色晨光次第歸又是西風欺負甚滿園紅葉背人飛老妓鳳花仙同来同去

橋頭送客立移時何處斜陽掛酒旗但使歌音常在耳長離遠別不須悲

無題八絶 并小引係自評

無題昉於玉溪和者亦多然只是煖耀灺燭

縱情倚偎之事皆其未前已後百種苦態並
闕如余讀國風而拈出不可已之八個字分
題各吟極道其鄙褻此亦有補於詩教邪

從前謀面不知心實境仍將戲語侵便是分頭浙水劍頭炊境界
妬雨猜風今夜永長廊側畔歇寒砧一座普寺西偏屋在此　右期
半邊然疑半邊愁男非善男女豈信女疑固當然愁仍倍着斜暉皆未下
山頭志士惜日短浪子反是信地佳期總不得緗簾半捲月明
樓樓是信地月明是佳期　右待

天上人間了不分神仙消息陡然聞竟是天上非人間漢武云天下豈有仙情緣極處還無意恨眼相看亂解紛淫男淫婦儘有之

右見

雞鳴鍾動奈君何抵得天明夜叟多隣舍僧齋憑藉

好浪子口氣非但自辱又能辱人若干魚果裹殘荷處變之才可作風沵陣中都捴

戎可想淫男宅邊有小鑿可惜朏荷是不染泥之物何陋之有　右留

末如何處悔初逢天明已矣騈首重搔鬢盡鬆舊聞天竺有共命鳥

鳥亦淫鳥邪遍是書中離別字無寧抹去滌煩胷爭奈萬卷書遍

天下何右送

脚蹤何皆印蒼苔〻故無情我獨猜苔亦淫男家階邊物豈日無情

十二欄頭端正月秖應照分可憎才此際月輪恐不端正　右思

桃邊重膩粉腊痕覺後恐無此痕傾吐前宵未盡言未盡言不過是

嫌謑睡覺怳摸欹向處〔百伶百俐〕寒衾怳若一邊温〔孟子曰君子難罔以非其道 右夢〕

懽情畢竟讓親朋 未見壼觴集午棚〔未信雅集〕〔嫄男有此朋友有信夫婦有別〕枉使剛腸曾寸斷 香烟一縷五更燈〔五更燈便非可怨物真所謂愁者看之則愁樂者看之則樂 右怨〕

〔作此詩者必非淫男未聞畫師自寫其形勿許氣血未定人看見余恐賊夫人之子〕功

平壤雜咏十三絶寄呈豹隱從叔行軒

艸長蘄芋兩岸香 樓船簫鼓擁紅粧 江皷不帶前朝恨 錯道繁華秪一塲〔大同江蘄芋未知何草而遼史云生於浿江〕

點〻溶〻閱刼十 秪今魂夢欲泠然〔第一句用金黃元詩語〕森

羅萬景詩難寫第一江山四字傳 練光亭亭面有第一江山四字朱
天使所書
湖光瀲碧〻粼〻冷瓦疎欄淨欲新落日潮生孤鄣
整更無餘地水之濵 浮碧樓
依俙臺址怕難知草際亭〻古木窺乙密丈人仙去
後見虹璇月至今疑 乙密臺
墻仞崇嚴半畝宮緬懷基業闢吾東箕王麗代九何
說堯戊辰年昕夢中 崇寧殿平壤卽檀君舊都而其後箕子高句麗各享千年
東土儒風傚可歆灩觴詩是麥蘄〻四時八節焼香
夜長見遺孫克肖髯 崇仁殿箕子之孱孫三人一日諒是鳥鮮于氏世爲殿叅奉

趙松雪贈鮮于伯機詩云箕子之後多彝翁世傳箕子之後必多彝故云

錦繡山低鍾磬微寒烟衰草一僧歸遥知殿壁題名地今古蒼苔最夕暉 永明寺

朱蒙國史攷如今麟馬熊疑枉欲尋過客時窺無底竇殘沙敗葉不知深 麒麟窟輿地勝覽東明王常乘騏驎馬奏事上天年四十遂昇天不返

石戴仙蹤逈欲神移舟爲一念前塵江中不復回麟馭秪自磨空減舊鱗 朝天石世傳東明王乘騏驎馬從窟中來朝天石升天至今馬跡尚在

繞嶼澄江綠更波草光春媚奈人何青娥對此工着

溢新製荷裳不敢多 綾羅島

毛髮恩啣石老爺睟星眉劍又推車精靈不爽生綃面林島譆〻曩豈嗟 武烈祠祠經灰燼楊經理諸公畫像皆毀而惟石尚書李提督像獲保

舍毬門外草芊〻畦畛猶存古井田自是 聖朝要大試千秋不許起菑畑 井田屢經兵燹區畫宛然蓋四頃島區如田字據一頃方七十步 韓久庵圖說與孟子殷人七十助之說相合

芳愁埋盡土饅頭如月如花甬亦休大抵閭王頗好事許令此地列紅樓 嬋娟洞洞即本府之北邱而妓斜亦多故好事者名之耳

京旅滯雨九首

枯死窓間久些兒况無中歲哭妻爲箇衣綿盡廚烟
斷強説寵愁不到眉

兒長及户女扶床逓喚娘〻割寸腸幸不頑嚚猶未
必斷絃重續極郎當

空閨守似卧長瓶鈹月重圓五十零從此家風都掃
盡四時香火寄樵青

爲兒求配已多時月姥嬿負各結絲畢竟人間無不
對兩窮相合語還奇

裝送新郎事〻難青袍絲帶又黄冠雁夫籍手還無
物禮俗其如錦兩端

吉日催回釀雪天祇應無色趁醮送錢神舊是多情
物底向窮兒不見憐
微倖誰人佛眼看芒鞋三日入長安千條衚衕迷何
處只博行衣竟夕寒
店主生涯倒有緣朝晡泪董直三錢廣通橋外孫家
舖匠耐連宵聽雨眠
雁怯通衢羽衛來喧傳 大駕委禽回民無曠怨時
方可誰是如今協贊才

與崔雲卿章欽拈清人詩韻共賦

如意林風徹底凉草綿花發已秋陽踈星較我朋多

少殘燭知君話短長書室生涯人面白漁村節候蟹膀黃每於情男頻成夢讝語通宵似病狂

州里與諸益夜話三首

留住鄰朋匝四筵主人風致轉超然詩聲自愧虫鳴夕寒事猶低鶴語年莫遣明犀沉薄酒最憐涼玉鎮殘篇極知一會皆天借坐到茶爐恰斷烟

早未移家住此間詩窮贏得鬢全斑邀朋有約春猶遠課子關心夢亦還酒國烟青支病骨書樓雪白對孱顏從今許續參同契叢桂之中玉局攀

聯翩長袖夜敲門眞態相關不是村酒氣通潮方有

信文心如月正留痕浮烟欲作千家曉爨雪難為一日溫此去梅花重結契孤吟之夕淡氷魂

翫鷗亭夜話

二州形勝大汪分知子詩情迥不羣如此冬溪山見雪祗今風宿水生雲淸談六帖堪箋注雅學參同即記聞園夜論襟緣分在歸樵道我抵殘醺

小除夕公傅共賦

池亭客去讀聲沉回首前宵即講林此歲重回年壽幾至人相對語言溪朝暄衕有聯行犢春近林多異據禽細數生來無可意不禁愁病迭侵尋

跕混漁樵境更清名心盡處便逃名餠宜燒肚誰能
造酒不扶頭耐可傾歲色如棋行了局朋情與鷺連
爲盟沂南判負梅花約歸對烏山賞晚晴

立春帖子五首

預將樽酒賽東皇知道長閒補少忙爲讀梵經時謝
客每修茶史欲聞香萬山巒下陶周望十畝田頭趙
子昂錯喜新年春事大一番風雪到蒼茫
強言今日是元春〻物奢華隔幾旬佳士病餘方韻
致寒〻山瘦盡要精神風過梅花歸誰好酒放椒香徹
底新從此致身超悟境碧梧紅荳與爲隣

徙倚虛欄雪抄冝滄洲遐想現鬚眉莊嚴法力生藤
窰清灔眞詮着棗梨睒舜紅燈人散後響林青澗月
来時無寧喚了俔黄起支寫梅邊獨洗危
舊年先識有新年真到如今便黯然百帙横床貧不
减五更呼燭病誰憐青陽左个 新王化紅酒三巡
現世緣何處非吾棲息地正省窓旭是朝鮮
強將青帝比洪喬每寄新詩底處消友與論心同刮
瞙兒能讀字勝聞韶晩年經濟千區芋長夢浮休一
丈蕉斷自春来除安想江湖無限老漁樵

題秋樹畫障子

鼯鼠秋含栗埋之適我園樹生還結子依舊巧攀援

春晩遊甓寺

江聲石氣澹於烟前度人逢舊契禪天使花時忙似客儂言佛日靜如年宗風可見前朝蹟離緒難爲一夜眠塵事緜夢留偈後治經未熟又治田

夕陽挑抹祗林烟行脚聊爲出定禪短碣猶瞻麗代字枯株應記懶翁年江鼓念佛千回去塔影留人半晌眠淨土吾知非別界到来原是一區田

冬暖

非春非夏亦非秋冬候暄妍有是不落木猶爲霜後

思萬山瘦盡替人愁

次夢烏亭板上韻

松聲石氣遝層〻惆悵亭臯晩眺憑萬事從今憐皓
月幾人於此話淒燈空明上下依湘岸積翠東南是
廣陵先輩名章商畧畫其如勝狀畫難能

清心樓

汪光不減向来清樓亦如人領舊情何處今宵非雪
月此登臨後覺浮生

與李公漢共賦

墻東生理食無魚將息惟存一卷書貧後人情同亂

後痾餘天氣勝霖餘數株柳是先生宅一席門無長者車巷曲追隨猶分外不然吾已散仙居

臘雪

年光無那去堂堂故使跛烏凍不翔變盡滄浪人亦老裁成花葉樹應香玉龍果有殘鱗甲塩虎終非熱肺腸鎮日吒波翻悔倡從令勿復惱春陽

海谷李台丈紀淵移家有作

宛轉城東月居然二載春豈無知我者方見讀書人客處難爲夢花時始不負吟哦行廢業從此失芳鄰

筆橋和韻

生涯回首餉春畊笠屐尋常犖确行稺柳和烟濃淡色初溪與雨有無聲子是孤雲應絶俗儂如閒草不知名餘寒遂使桃花晩芘釀休須下手輕幔坡如畫劇横庚軟草毿〻證晩晴酒氣如斯忌我老花光自古向人明蘭亭禊事今年感梅下風流夙夢驚莫遣鄉愁來拉摺多生隨處卽詩情

餞春

春事居然地盡頭蕭殘不獨竹之秋餘花處〻陳驚座勞草人〻趙倚樓今日緣何月俱去前身應與酒同流蘭亭舊甲吾生已惟有他年赤壁遊

癸丑首夏

設想人間事因之默禱天炎涼齊日夜甜苦徹中邊
幻夢猶非死滄窮不復田諸公逢此際文酒意方牽

元上舍丈 用洛卜等光湖委書覓句題呈八絶

娑婆世界儘清涼菩薩其來即日光鳳但留名雖易
曉正省螺碧潑雄黃 鳳岑朝暉

似塵非夢白冥濛驀地騰ゝ萬馬雄試戲小孫來艸
撇山西驍健簇雲中 綿厓驟雨

紺青山色夢泠如松韻之餘石氣初箇處惟君看不
厭床頭散漫故人書 紺巖松石

飢飽忘情亘古今一樽明月道人心溪朋負手出門
去時有啼禽投樾林 飽山蘿月
小兒荷網大兒釣野水纔經山雨肥遊魚爾亦名心
否此是如今進士磯 一灣漁釣
紅槿低〻庬眼籬橫縱朝市路何之無端火把過窓
隙此夜間仙翁自知 三叉車馬
種柳間鶯計太憨全家生理土爰甘農桑圖裡遺民
老少別京華一夢酣 溪山桑麻 除柳累百株 墾土種稻
九分花木一分竹石亦相隨似親屬傴僂其間歲又
年老人經濟三椽屋 窓間花竹

過韓柳坡敬源不遇和洛下韻

終南佳處似山陰容子前身支道林近日耽詩如愛
馬劇調馴地研工深
羣芳無始亦無終郎事晴窓馬蓼紅豈為吾人供玩
笑且拈花史記天工
憐甬公然做太忙朱門何處抵斜陽也將名姓漏銓
汪猶尚如斯心筭長（時大政纔過）
雩壇禱罷爛星光徒費官貟拜揖長百年陰晴知較
異前汪濊得尺来強（柳坡膺命祈雨而還）
鳴蟬欲去且徘徊遲辨風翎與露腮無限南山深樹

裡合應長任不輕回

李周三席上夜吟

神境真難著色輕一天星斗抵溪叟晚後圖書堪證
契古来山水最忘情誰言世味通邉苦齓得晨光分
外清任性隨緣經過處為家猶欠隔重城

夏潦

一穀〻是雨淋浪萬念輪回此夜長誰使簷榮如齒
餕不禁墻辟又唇亡生来自許凌雲氣病後還來斷
穀方若把陰晴〻較少人〻須鬓盡蒼〻

與李上舍 雲弼

山河通菊氣霜露卷蕉心歲月于何積重陽也古今
以岩飄蕭鬢三年客頼眉息心香作證無語石爲師
自謂君公隱何料鮑叔知紅燈前夜話吾事定云竒

和人

秋後相逢意更新清言壓倒漢唐人紅燈比月堪稱
將白酒推詩認姓親大抵無如花作曆不然應與石
爲艷帽簷仄倒西暉盡儂愛虛襟易見真
天公亦復尚清新招募如今一種人數株微赬濃更
好孤雲冷碧邀難親近年疋道茶知己夙世清緣研
結隣默計詩程還悵望草堂何處去尋真

頼着八咏

曉山何處不宜嵐城市之間甬最堪趣甚紀勻曾自歸放教睛碧繞詩龕 無學峯朝嵐

尼姑齋罷倒晨星屋角羣山飯處青中國詞人鍾伯敬祇應因姓故名惺 淨業院晨鍾

黃葉蒼厓粉的明樓禽不定拓弓聲歸時倒盡街坊酒待到青烽入禁城 映楓亭射伴

粉香脂澤溢爲波蘸小妹逢曹大家箇〻堪稱女道士何人眉字紫芝多 紫芝洞遊女

木末層城粉字邊凹繞凸去凸還凹從知世事紛如

許盡向參差髡陒消 駱山堞影

橋霜未曙底先融々盡千蹄萬踝中憂患人間鍾漏在山齋忙了靜觀翁 藍橋市聲

此地松陰五百年親兵口氣戾青天除非畫角渠何事生老轅門但飽眠 松下吹角

依山如是作生涯種菜人應兼種花蜂蝶高低無得失括香歸去劇婆娑 花間種菜

奉呈愚軒台丈寧邊就養之行 愚軒即李台紀淵堂號

吉日西征駕雲軿結旅而起歌椿芩長公初奉毛義檄林鳥反哺聲堪聽樂山々下子城高前途七十八

長亭沿路況瞻太行雲知公去意水建瓴多少離懷
尚何説吾寧截鐵而斬釘去年致仕家終南鳳之郊
椒麟之坰綺陌回頭歧路多往事恐道悲原鴒泥塗廟
堂命而已十載孤忠吼滄溟隨分讀書深有得好教
主翁長惺惺青出於藍有是哉晚来緋玉能過庭百
里之寄郎少試羨他出入皆王靈以茲報國公不負
數株娑娑亦典型板輿載出白日長迅若駕風無鞭
霆大耋遠遊稀又奇諒知五福三康寧枸檵酒方得
仙家蒼顏綠髮欺頳齡薦紳先生集城隅醉着蜾蠃
與螟蛉馬鬃一滴沾西土侯誰贈之青玉瓶官是頭

銜地勝跡回想兩路臨福星黃岡候吏能記面最說
儒將曾申令永濟橋頭鳴畫角官妓艤舟菱花涇鞭
末紅亭八悵望此有黃山宗蹟銘那堪手植今老大
兩行柳皆揚眉青尚留松壤一日債啾啾舊鬼攀窓
欞使君迎路立如猴腰間竹符耀黃鞋大監方免虛
蹄擁擁輪嘖嘖新瞻聆耆艾皆稱舊使相時公行部
吾亭丁公之子又子吾子祖稅早宜輸公廳試上成
樓西北望胡天漠漠復寘寘卒本山青董生賦沃沮
水白徐氏經何年坐失舊疆理獵火冬涉青河汀杳山
古蹟說亦誕寺裏聞鐘飲巡停此際恨不擔壺局長

風吹夢度西泠親眷團欒非不喜其如契好太零〻
公歸謂趁灤還日縞帶從可趨門屛但問重山重水
外倘記舊客行伶仃

重陽日鄭文有駿和宅會東社諸公晚登駱山
林園如是亦云稀坐處形神若有依燕俠未須楓葉
莫陶潛不與菊花歸將身忽欲雲俱去無翼緣何夢
或飛更說吾家夕〻韻事繞墻流水月當扉

和李香林甫永寄示韻二則
生來枵腹又長身眕矚何愁不雅馴與月相期當五
夜如花已老負三春寧爲淺世浮休客難於臨機脫

畧人縱使尻輪環八極都無一事更清新
穿市歸来便入林園亭端合翡飛吟癡情比水堪同
潔晩契於山不猒溪且爲紅梅粧閣面未湏青州借
墻陰極知詩道無今古趁雪吾將鶴鷺襟

梅梢枯蝶 二首 代人作

情蹤奚啻泣河魚榮悴中間本甬居斷夢莊園魂不
返傳神滕邸影有餘花心到底今如古春事方来我
是渠閒刼惟須香國住肯饒乾蠧伏残書
生貴尋常食有魚也無梅樹若爲居情輸楚之妓前緣
證身度金錢宿債餘抵死今猶眈馥郁尋春早已許

勸渠蝶能如是人奚以清淺黃昏誓墓書

盆梅三絶

杏臉桃筋靚色奇天生淡白獨多恣暗香踈影句堪
好人自覩〻花不知
地梅花較杏差先彈帳傾盆俗尚然剛恨普天風土
异江南節候立春前
犯寒年例嗅生香直爲微溫借竹房天賦詩人無鶴
料替君時自立松傍

香林以趙閣韻示之仍覔句

不是聞鶯有酒柑隨風仙樂似登弇来何長也怜秦

贅無所來之學老聃按舊體方禁鶴鷺度前腔可鬭
鶺鴒龍鍾難入英雄彀半世虛名喫太憨
輓海谷李尚書丈
龍灣歸客久停輈須惠碑前哭且休華屋山邱多少
恨羊曇不復過西州
安桐齋載興示余浿江竹枝詞十一則即用蔣
心餘潘陽竹枝詞韻也余亦八渡浿水慣其土
俗仍步其韻和其意
春風環珮響琳琅調舞虛堂袖暗長相約貳衙生日
會繩轎絡繹度街坊

愁眉淚臉掩重門明日離筵又斷魂故廢梳粧仍自
念太枯淡地也還村
情緒無端眠不得名花朶〻亂先春彩船朝日忽重
理詩酒風流三使臣
江兩江風晩轉迨劇冷〻際又薰〻那由泐盡落碑
字悽斷人間永濟橋
齊〻雉堞俯桅梢簫鼓中流聽更遙無數丫床爭趁
午定知綺食自官廚(丫音媽西關以小船為丫床)
公堂溪鎖妓樓烟〻外蒼茫夕照懸個處清歌多少
恨嬋娟洞東碧芊〻

誰家年少斷風箏拍手羣童趁外城畢竟唐絲摸捉
盞箕王田畔墜輕〻
雙燕嬌癡貼畫堂兒家不用縟元央貧時誰數陳冠
玉猶勝東鄰白髮郎
向陽攤落母雞行腸斷嬌情步〻生鬢眞髮素裙着更
勝汗蒸歸路練光亭
丫字街頭化貨舖開購燕栅市各安排全城出汲汪心
水軋〻錚〻隊〻来
中湯冷麪甘紅露半與名亭半畫船似俗非僧還没
趣綠窓朱戶最團圓

從弟翼聞喜日述懷三則

朝鮮進士不新鮮每聞三年二百員雙笛春風申石
北行人猶復望如仙
吾宗蓮榜太稀奇四十年間再見之賀客猶稱尹家
物果然文福舊難爲
伶仃最甫賦生初堪謝科名積慶餘從此雲衢應有
路更須移步進竿如

病後書懷

一病縈殘際九秋故鄉雲水懶回頭吾其忘矣連宵
夢客亦知乎半世愁家有書嚴差可喜士無貧相大

堪羞樂天伴任曾何甚應與詩神慣唱酬

暮秋題鄉廬壁上

追逐征雲去復来故鄉還有望鄉臺夢魂甭是追風
足如許長程夜〻回

廣陵夜店倣鷓鴣天一闋

夜月相仍曉雪明衾裯如水悄無情思量未盡於焉
夢氣息纔高遽已驚飢鼠下凍蠅鳴東鄉漁舍幾陰
晴親知湖海三年別又是前期負此行

樓院道中

晴雪道峯前行吟落照懸萬人皆過我一步欲經年

愼重雖云好疲殘亦可憐生平如是懶自廢不由天

天竺上方

冬日如斯煖更晴佛應知我有今行緣厓短木無功
老抱石泙泉本分清路轉諸天增澹漠境將餘地遂
崢嶸每於眼際低看易東盡青山幾朶名

立春帖子

千門題遍願年豊私計公心實亦同街上讀回寬大
詔奉身烟月樂斯翁
命福人應有分量痴情不限郭汾陽自知閱去眞無
幸〻或新年一事強

兒年欲大翁無老羸縮其如歲月差身計家嚴猶二
致擬將齊物反南華
由来高古不真情貧擬伯鸞寒仲卿若但虛張名色
好讀書人可聖之清
椒花柏葉酹錢神興旺由君不在人悔却當年多美
錯效稱阿睹被生嗔

李蒞圃 憲基 戲賦九老詩韓學士柳坡亦有作
屬余和之

前輩相推玉不如〃今品格負當初閒時尚覺攻詩
倦佳日偏憐遇酒踈諸子繼聲麟楦在同人得意兎

蹏餘始知蹉進原非病竗少蘊君歎十書 右老儒
枵腹輪囷尚活機西邉消息健兒歸蔵中氣悶星文
斂典後輩痕雪色衣酒病難於勍敵破書燈爭似遠
烽徽當年鼇價今焉用驕虜猶聞李廣飛 右老將
石痕捫滑舊登攀朝暮雲生飯處山住本泡花千刼
閑遊將瓶水一身閒如来度佛餘空界般若翻經又
夢闌時有書生来結夏且留聲息與人間 右老僧
一生埋沒粉脂香誰道佳人鬢亦蒼今夜雨窓燈背
壁當時花榭月侵床舞衣換盡湘東酒粧淚啼殘淅
右霜一事中年堪死悔檀郎放去矣雲長 右老妓

家有丁男晩福齊衣巾不復染春泥兒孫伴住同看
屋鄰社追遊戲過溪年穀頻能符斷驗畬田猶得記
封畦醉来扶杖當風立好聽薪歌起埭西 右老農
馱背歸来便即候當年意氣跨雄州山河閱歷蒲梢
尾天地低回首蓿秋消市虛名風肆好田光壯歲水
空流幽燕宿將堪同恨畫角清晨咽戍樓 右老馬
十年經濟匝村鄰到底相關學稼人盛際桃林環水
草危時即壘漲烟塵骨珊〻豈神仙學氣喘〻應孱
鬼覩黙奠宜無長卧理禦冬餘債又逢春 右老牛
雲根盤錯自成叢一氣冷〻晩欲風小雨廉纖溪碧

碧斜暉掩暎壽藤紅輩行米芾最年少家世徐郎阿大中爲是常含太古雪多生參佛悟空〻 右老石

風雨飄樓又拂臺空教啄木管情來零殘最惜藏鶯葉攀折曾經上馬杯過眼繁華如夢覺半身朽拉尚春迴感他天性偏多緒又倩楊梯傍水開 右老柳

李華陰 明廻 申眉南 轍求 鄭雨田 顯德 韓柳坡 趙蓮上 性教 同住紫閣峯下長興坊結爲詩社課日追遊吟其之趣聞竊欽艷偶和韋莊詩韻三首仰似諸公

樓靠青山〻靠樓謾將晴翠入詩愁未枯樹盡還添

色初泮溪能不忘流佳士風情應北海清時文物尚
西周淄床書帙留連久隣社前期又轉頭
多少樓臺夕斂烟起来春月正嬋娟五家會罷餘残
酒九老詩成是別筵鶯綠如今遺玉骨毛嬙並與畫
金鈿無期有約何須問研北團欒歲又年
幾家園子鎖林霏求友尋常入翠微病閤洮吟労草
遠閒庭寂感暖禽飛茗煎活火香初淡書搨烏金字
易肥定識詩神來仗爾鐘鳴漏盡未應歸
余於華陰台丈蘭臭相近而蒯顒未遂又用韋
莊韻奉贈二詩敢替踵門之忱

團坐書樓樂未央衆中誰有辟寒方詩情領畧千街月酒氣平臨萬瓦霜飼鶴常如供好客嗅梅寧復熱名香羣童不識忘年契鎝道先生老更狂

汪海追〻一夢飛悼亾詩後更因依事皆嚼蠟寧求味病亦燒丹強任睴既已泉明蓮社入何須賀監鏡湖歸知心恰可當知面儂是城東老布衣

閒韋莊幽居春事詩仍和其韻

數樹垂楊綠滿村杖藜臨澗或窮源花邊隙地休開徑多恐遊人引俗喧

和翁承瓚齋居謾興詩韻

物外仙源非別地吾村樹〻盡桃花桃花樹〻能言
語應道先生不出家

又以一絶足之

拓地穿塘爲種魚〻皆佛性悟真如夕陽游物堪消
玩正是晴窓點易初

枯池篇

頮眉亭下池水碧〻淪漪處圓如璧去歲主人種魚
苗滿科潑剌皆金鯽千鬐萬鱗相摩軋負藻而戲依
萍息秋来爲念堅氷至拓開一隅穿數尺費下功夫
犍如驅廣輪尋尺爲區域前冬無雪春不雨池之枯

涸魚之厄萬口噞喁聚一處昔何納〻今何窄跛局
強梁還自哭沙泥遍體烏鳥食繞視人〻但咨嗟西
江欲決奈無力神龍甫是魚之族何不上訴丐一滴
伏惟瓊樓時捲簾八荒下視皆水國豈知一環池中
物未沾恩波勢孰迫

新豐樓歌賀蔡殿試東述

春風三月新豐樓〻下耆艾騰歌謳百年膏沐伊誰
賜未死重逢歲金猴攀哭龍輴如昨日　健陵松柏
甲已周老相來箕先一歲無復巖廊進退憂樂昔
灤遷追　聖孝營茲新邑周爰諏經理者誰走卒知

前年　心簡已卜甌城郭之雄閭井富百爲規度皆
廟籌不日神功叶靈臺於北維魚攸伏麀　宸念重
紆無地起公亦晩計盟海鷗中遂萬事民無福禱豈
何嘗隔明幽等閒波瀾嗟忍說廿三年間風未休魏
鄭公碑踣還立孝感上格誰知不白日紫誥出城都
都民拜舞鷺江頭就中黄馘泣且語貢市攴吾訛因
由畢竟大義無不伸至愚而神言捷枹長公魚佩重
有　命昔之遜辭光彩九大家食報理則然春陰如
海孫枝抽秀而不賡聖所嗟何料嘉穀生蠹蟲詩禮
傳家尚典刑燈火青熒照澴篝叔敖衣冠今不見落

日新歌悲楚優遲〻臺下　鑾輿度直路青繩似長
楸誰家斜對長安門清蹕無聲　穆凝旒重理洛誥
知名保當日猗歟賁笙猷結　聖慕處起曠感喬木
生輝映　珠邱才子奪歸龍門祀詞華壓倒東方虬
萬口嘖〻還相慶一門洋溢　恩波流方知鬣〻頻
有鬚如花未綻月初鉤此去好趁明良會時際　鼎
盛之春秋吾儕俱以編戶民除是煖飽將何求生老
於斯慣地利南塘北池水如油茫〻四郊皆膏沃荷
鍤如雲灌溉疇瀕海亦多下飯物蟛蜞作醬美蝤蛑
每於　聖人觀華日覲公陪扈耀珂騶滿街歡聲沸

如雷唱者和者釋犂耰誰將此語傳上國士女擊節
重咿嘎推之氣類相求應遠而山間與海陬東鄙老
生蹝敷衽言〻大朴非雕鏤上下五百年桂籍何人
不將月斧修需時各自隨分量豈君才諳無與儔間
能剸理如龔黃亦或彌綸則狄婁未聞年少蜚英初
人皆器之如天璆君宗挺生積慶家一毛一髮資餘
麻世德請從中間説後有希老前湖洲乃為文章扶
正脉華國琳琅魯汗牛盡將五鉢授吾師於詩杜陸
文韓歐經籍英華溪有得寓諸事為何健道詞場戰
藝非本意過者猶皆走棄鏊英年遂為蒼生起上醫

手段蔘朮投天幸神器歛復正此際微公民盡劉日
夕風雲嘘不盡兩　朝開濟武鄉侯一生須用理義
字豈肯吐剛而茹柔邪正由来不敢糅鬼市橫縱血
髑髏終始調停羣怒猜頂踵銜　恩擬充酬出而藩
臬入台司一念桑土極綢繆宵旰　宸憂公克體十
年長放濟川舟又是肩仔斯文責湖嶺奔走衣争摳
沿溯眉江舊淵源四時絃誦門成鄒始信孫陽不常
有冀野一過皆驊騮士趣始正今而後觀於色相人
焉廋猛虎去矣嘷狐狸林箐黝黑闇颼飀舊日門墻
餘幾人鶴老長歎粤翁愁空使洪公禦魑魅時論其

如盾又另無頼青衿閭閻吽悲歌暮館鳴蒯緱浮雲
理無長蔽日癸未年春雷兩收陽和著驗秋大亂輿
誦喧騰三百州忽感堪輿彼安説金嶺之西起一抔
騎曹侍郎拜章出縫掖聯翩簇行輸賢院俎豆得所
歸何幸牲肥不羶靨遺州還爲不朽計剞劂氏來能
校讎天之報施無早晩免得師門後來着大賢之後
豈碌〻立身先宜別薰蕕使民不易事君難正笏而
起功還倂文字不可筌蹄視努力虛舟學海浮陸生
新譜孫通禮尙能會遇儒冠湲刔伊堂〻右文世風
毛鑿鱗學逗遛幼學壯行尋厥義不然還是五通毬

藏器於身〻叓大肯與流俗相牽摟友道尋常須自
慎出門入門皆交遊但能恒勉一不幸從此性質堪
矯操勞名判可垂無窮信知世界非泡漚經綸不獨
前輩事或恐玩愒空弗猶模楷自是君家物何待博
訪兼冥搜幸而君無左衽恥起看寰宇皆紅兜從前
異教辭而闢樂地無令更躪蹂滕亦不害来取法經
界惟宜守舊區贈言敢謂蒭蕘得是知道同相與謀
期望於君自不淺所以怏别而羅蒐昔余再訪文藻
宅風流餘韻悅前脩夕陽繫馬門前路兩行柳色通
御溝愴今感古語言澀君時傍聽頻凝眸蚪蚪時已

能如是比之居水者善洄生又少庚子一年天意昭
昭顛木甹丈人勸客紫霞杯且愛書叢一餉留近事
何至太狐呰聞来不覺氣欲挐回環者在貞復元為
君援琴手一搊敞居近與樊里接三時想望麟郊棷
已焉哉余生也晚執管無由窺炳彪石田時問種菜
期春林捲霏聞晴鳩飲啄随緣亦 聖恩在山不賦
晁生因豈能知我何狀人水雲南北長偲々

李華陰宅共賦

雲腴元自不關肥詩社無妨患好歸過盎霏紅淹病
榻到来嵐翠滴虛扉春情與雨皆新得酒氣於人最

不微近事吾廬堪自適池魚初長水生衣

崔竹下 過亭宅南社羣公畢集追到步韻

絲風絲雨怨春酣此際離羣最不堪肴到詩兵方逐
北来如佛國且和南主人竹樹真三逕隨處桃花可
一潭城市追遊聊自遣衣巾猶覺濕輕嵐

望洋而歸自幸附驥復用前韻呈華陰丈三則

晩歲悲歌托半酣十分情緒九難堪士流猶可多三
上詩道誰能返二南病起飛花隨短屐夢醒輕絮化
空潭中州近亦寂寂甚無復漁洋與曉嵐

崚嶒瘦骨惱春酣任性隨緣始可堪吾輩名聲非水

北到時門戶是山南酒情似鹿眠芳草詩男從魚衆
碧潭赤壁玄裳來夢否起看林月半和嵐
花前相送尚餘酣獨去閒雲最不堪出鄗水輪離海
底歸家盡角起村南無何一夢華香國難道前遊紫
石潭續後箯輿應問路幽人在處但蒸嵐

韓柳坡宅會話二首

故人書屋俯清溪直到門前便欲迷簾外春聲禽上
下床頭長物玉東西詩盟復踐堪牛耳斜白渾忘郎
兒歸三日顛狂還底意且將鞋襪踏新泥
真個芳陰最可人人間那得有長春言從象外還成

夢思繞詩邊畧有神酒所尋常愁失日花時多半病
兼旬秋來擬逐江湖計料理蚕桑爲釣綸
獨登後園復疊前韻
陽阿嗒坐我何人綠進紅歸已閏春驟雨驚濤松作
韻輕涼薄睡石如神歐翁醒醉猶今日唐子陰晴定
幾旬報道魚苗風更好江湖忽欲去垂綸
同鄭蒼下（駿和）過素安亭李友石（豊翼）先携尹
月坡行駿沈鍾山（英慶）諸益來遊因信宿共吟
浮生一事亦關身來去吾知仗佛因是處偏曾多卜
夜（亭是海谷李丈舊居）今行偶爾不勝春蒼松老石疑無路芳

卅飛花又見人從此林泉詩境好峩嵋天半李于鱗
毫墨濃餘寫道經起来騷韻逸虛亭其如短髮今年
白非復孤燈昨夜青澗水中央歌不廢林花落盞酒
初醒多生一覺仙源夢氣髓輕盈似鍊形
一路東城更轉東綠楊門巷晚烟通剪燭先占来夜
夢惜花猶記向時風閒能遇物經營外老始逢春氣
槩中身到萬緣空處坐古今情緒與誰同
山樓迎客境初寬只許輕嵐上小欄遊子經行雲作
广閒翁棲息石爲壇林花去矣餘空靜潭月居然漾
薄寒他日青郊風雨夕可堪人散又春殘

倚杖春風裏川原細逕分渾心從古月林氣晩來雲
酒已過墻醉歌方隔巷聞作詩仍老大今世少如君
泉石烟霞便古今隱淪未必入山深池荷送客堪承
雨墻樹宜人却展陰暎日移厨盤白玉明時儀羽帶
黃金樓臺自是無常主聊使詩情遞賞吟
尋春一路〻晴溪桐帽椶鞵事〻齊嵜州堤邊朝飲
馬碧桃花下午鳴雞遲〻日為韶華惜漠〻雲如水
墨題岩道郊居眞久計此間巖壑可東西
春風春陰澗一灣誰家亭子盡情閒風流今古人何
處天地東南屋數間未老君能超宦海當時吾亦歷

名山因緣認是多生事勞草相逢遂不還
前道蒼々露氣澄一羣投宿可誰能粧殘淚盡歸亭
女倡罷心閒入定僧啄粟將還高木暗浴塘旋去亂
雲層昏衢不怕張羅客行覺跡簷瞑續燈 右賦夕鳥
鄰園春又晚三日菜花開轉眄青雲在論心白雨來
散人皆退院佳處欲登臺相見還相笑衣巾尚墨埃
三月青郊細雨過故人心事問如何琴兒已去松風
在畫境初開石氣多居士樵頭賒薄酒大君祠畔侑
高歌定知上國非天上不見江南與北河
蒼凉林氣午猶濃行處尋常韻士逢此日清談紅玉

塵誰家綺食紫駞峯極天島熟疑無盞迸地蘭芽似

不容石楇雲生花事晩仙書讀罷倚青松

離根辭蔕便非吾蔥共春雲撲酒壺極意悠揚頻自

得隨緣消息却如無来時紗總誇禪悟去後荊王壯

霸圖終是倡條情種大一生輕薄老江湖 右賦柳絮

破屋歎

我屋重茅風半捲餘朽化虫〻蠕蝡椽脚榱題遇輒

雕蜀人子雲師而篆何許輕盈一雙鵲綠背白腹毛

初毬忽来移時屋上坐如嗅如窺還偃蹇相對査〻

何問答齊力拔起茅一瓣展翅曲脰頻俯仰大嚼而

哽終細吭虫已盡未共一飽向風高舉真冷善暮〻
朝〻日復日飢便即來曾誰遣數間茅屋本無多踏
殘幾回溪復淺塵榻忽何鳴亂溜舊雨猶得床〻免
列器仰承接不住手執還倦氣欲喘殘書濕破衣渝
盡此間狼狽難具撰鵲兮甬忌前事否霜枝雪柯淒
風轉三冬許我簷間宿爲念凌兢體肢軟兼之遺粒
堦除食幸或報喜余眉展嗟乎虫亦吾家物何乃相
殘顏不醜屋老况非茅之罪主人百事何疲懊兒孫
獻計堪絶倒碧瓦朱甍那不遜齒齡渠豈知貧富翁
笑而嬉首空倪強言大厦非吾願粤昔堯宮尚不剪

柳坡宅滯雨與社中諸公共賦

林窓賞雨韻初長勝似前宵月滿床杏子帶酸新上
市蕉陰敷綠已過墻書轂忽斷嵐方滴茶氣相關石
許凉來果徃因猶未信人間何處不滄浪

閒思漫量到如今踈鬢居然嬾不簪未必高歌惟白
雪如何奇計竟黃金落花一半泥初暗萍州三分雨
更深少壯幾何俱老大故人相對意難任

燈市催回麥雨初詞場重到韻應餘貽文不鼓琹而
已摩詰能詩畫亦如山意留連吾輩酒泥痕拖去幾
入車烟嵐滿眼行堪讀孤負明窓散漫書

起来衣影蘸晴川歸未歸人際夕烟吟處雲能濃潑
墨負時落不綠連錢若拋佳友堪愁死擬夢名山任
醉眠發願百年皆此日心香吾欲禱青天

華陰宅羣公畢集余亦不期而至

神遊無計擬逍遥到是潯陽向上潮幻夢於人真不
着韶光與我若難饒空林八九圍疎屋別澗尋常遇
斷橋来趂西園追足集百年方始有今朝

李友石宅會話

桂水連天一棹安悠〻来去好誰看泣回玉玦邑應
浹思繞瓊樓夢亦寒到底欺人真墨綫前頭報國有

金冠交情莫道何相晩已識行休知寸丹主人新謫留平還
終是青天碧海心如何鳴鶴尚空林結交強欲無同
異攤史方知有古今履道村溪書六帖歐陽公老記
三琴此間客亦非塵事自許詩聲擲地金

和人梅花詩韻三頁

長短無須較鶴鳧好花還是丈人烏羣猜敢售傳三
虎華譽終看擅一孤晩向羅浮吟鵬鳥初回庾嶺隱
蜘蛛孤山屋裏調琴久養浔仙翁擬駿駒
暗香踈影入文顯偏與高人好處隨菊弟去依陶靖
節胎仙同伴蜀軍師關山笛裡多行旅古驛樽前有

別離漏却楚騷還自喜先春故不衆芳比
明如乜丐點〻伊禪悟吾知近在斯隔樹香霏猶寂
岩滿山風雪定凄其藐姑射是徒爲甬萼綠華今信
有之酌酒與君還設誓多生端可我乎而

郊行口號

青林開遍野薔薇陣〻香風捲客衣坐便要行〻欲
坐炎凉教我孰依違

送申眉南以書狀官赴熱河行在臨行贈別

離歌一曲倒溪觥仕宦催人白髮生上國通來餘半
壁長城前去更千程燕巖日記應真證(朴燕巖趾源有熱河日記)

龍塞春光奈旅情良苦南轅今又北許君專對獨颺
聲去年以接慰官往還倭館故云

送華陰李侍郎居留沁都

江都留後郎　殊恩曾是清　朝地望尊經濟如今
猶可矣韶顔白髮出金門
都門酌酒曉雲紅溪淺離情亂與同惆悵詩壇盟主
去春風大雅少如公
路向楊花渡口橫船旗齊動櫂歌聲城根忽白回頭
處已作家園別後情
秋日金陵翠幰遥角聲先在九分橋行程未必勤相

問早晚惟須甲串潮
白日轅門不肯開中軍按轡頂金盔攔街士女休呵
辟萬目爭瞻使相來
自爾人情憶丙年長寧殿畔淚如泉　潛龍有邸知
何處嘔送紅雲　玉座連
西風裘帶正閒吟滄海為池玉節臨衙鼓聲斷無外
事摩尼山色最關心
益聞官閣似山齋吸墨添香韻更佳前度風流申漢
叟演將秋柳寫幽懷 紫霞申侍郎居留沁都有秋柳詩若干首
仕則離羣不仕飢懋官詩意未全癡廩餘芳是邉生

被將奈貧交面〻思 頭句㨿用李雅亭送友出宰之作
黃花赤葉莫溪愁南社詩聲近欲休竹柳二君江海
去並今三處夢宜秋 竹下崔承宣柳下韓侍郎次第離家于江海之鄉

華陰宅會話

鳴蟬斷續綠槐踈好是輕涼雨氣餘思夢驚回梅熟
後行塵吹返荳花初破間聊以三重酒消暑無如一
段書近事吾家堪自適林塘隨意譜禽魚

與石下族兄 正求 夜話歸有作

酒闌夜色沈容去主人睡獨步九街月清霜白滿地
歸來山下屋依俙又夢思赤葉為君吟華藻峽增翠

石兄加平行卷有滿山赤葉爲君吟之句　一笑忽已驚燈花寂寂墜

拈韻咏蛙

禾遲荷塘自一村天生努力欠溫存經来趙竈驚灰刼歷盡燕丸憩石根地獅蝦蟆餘臚感字成蝌蚪訴還元年年鼓吹漆新譜欲向沮洳賽滿樽

咏扇

暖風終似不天機當面違人郎自違白日青天休障蔽直須承得軟塵歸

辛酉暮春韓侹石倉赫秀来與共榻隨意唱酧聊以暢叙

春事非關雨未晴極知花性本清明依俙我夢全身
蝶宛轉君歌得意鶯異代誰能心獨契荒年并與古
難畊家貧莫歎無長物方便猶堪了此生
衰病々々時慣茗香襟情自爾恨年芳酒闌社燕初窺
硯睡罷村雞忽上墻聊以書聲除俗障若非花氣許
秋凉斜陽便亦来無盡從古愁人枉斷腸
詞中九辯有東皇汪州汪花入楚望未必效顰皆醜
女端知眇目亦名娼近年聲價踰淮橘着處身心厄
閨楊且向靈區卜新第一樽明月唱兒郎
朝起焚香兩手攢免教風俗瘦兼寒々古人々々向詩中

識名士元從酒後看十日消磨花沐浴一春經濟竹
平安身如碇纜猶難泊隨處尋常有急湍
幾樹青黃幾樹紅盡情渲染是東風白猶全勝人頭
髮不作衰容恐太空

登安巖亭三絶

花開萬樹洞天明九喜羣山刻未平客亦難忘來舊
雨庭松帶得去年青
花香過雨極澄鮮宛轉佳人一笑嫣也識西墻來宋
玉風前月下不成眠

過淨業院

夕陽紅萬縷山影碧千尋路作松間執墻爲石上陰

曇雲連野樹清磬伴春禽一笑聽禅偈堪稱感世音
春光今欲盡如水不知深日鋪文離影花濃頃刻陰
宿緣忙化蝶遺響托鳴禽坐在生香裡還疑造物心
杏花飛莫近儂不羈衫裾雨洽穿塘後人来壓酒初
半生都是夢今日了何書姿性宜山埜真詮卽自如
鳥趁風来語碎花随春去身輕春風無奈人老酒罷
於焉半生 六言
芝峯之下頹之濱春雨生涯種〻新我客能為塵外
事昔賢猶是夢中人有時雲衲来通徑随處花園迹
作賓缺界占間還自幸連宵坐到月西淪

花間宜有集仙靈樹〻評彈色與形箇處添香〻更
勝酒功方可罰爨銘
山翁睡薄正黃昏樹石橫縱便是園倒盡長瓶如送
客看回落蕊欲招魂添何雅事堪拋硯遇一知己足
掩門身計參量慵更勝著書纔已起羣喧
索鑰波瀾不與偕十年淹病已殘骸故人酒熟情還
重何處花開境最佳種藥一區堪濟世藏書萬卷強
名齋今朝混〻亭頭約盤倒囊金買草鞋 行尋混〻亭二首
花木淡生涯山前一二家空林皆碧石露流水亦紅霞
雨與松聲捲溪從石勢斜浮休儂底意城市度年華

境似高朋耐拭青盤桓無語卽通靈琴棋詩酒神仙
窟花果禽魚活畫屏流峙還應遊子待光陰不爲貴
人停半生未遂田園計何處樵漁可忘形 登亭
霢沐廉纖撚是飛看来不覺濕簾衣況〻只謂春陰
薄滴〻還如畫漏稀竹庠聞棋仍獨去落磯捲釣不
須歸淋浪忽喜檐鈴大頃刻蔬芽寸許微 春雨
阿洵臨書等述蛾稍能向衆與戈波不妨世業傳弓
冶未必兒生養綺羅蝌蚪字溪燈影亞芭蕉葉展雨
聲夕悲懽着肚知何益且向花前漫〻歌
蒔餘雨過綠成林樹亦憐吾謝世心村老行休還自

在山童生長不知溪禽言無賴重三譯花事偏堪惜
寸陰藉使桃源真有地吾廬如是便可尋
此地居人遠世情蒼茫朝市隔東城畓田過雨皆疏
氣閭井逢春但鳥聲聊借柘醬消酒病閒將柿葉趁
書程羇愁夜〻燒燈坐吟罷山窓不肯明
漢陽山水匝書堂不妨隣園草樹荒薄酒留人今夜
永宏詞欺我幾年忙燕捎輕絮應知暖魚呷飄花也
惜香稚女睟盤堪一飽自慚鬚鬢轉蒼〻
冷暖陰晴揔此間十年消受已癯顏嬌鶯生長應香
國栩蝶歸依卽夢闗酒病況吟泥滑〻詩禪相憶水

潺潺時從畫境挑真想何處當烟分外山 登長安峯

英靈間氣語方新(唐人有英靈間氣集)聊以文瀾洗俗塵萍水相逢江海客桃花應識武陵人如斯永日疑無夜自我生年問幾春隨處烟嵐堪可讀研田從此不嫌貧

泉石吾真計萬全況無志業在窮堅置身蘧瑗知非處回首蘭成射策年意氣無堪添釣餌風流聊復嘆艤船休言汗漫前期遠遊夢方尋第幾天

浮生只可遣閒愁一日山阿一日洲詩酒其人難比屋管絃何處有高樓年華半入遊仙夢心緒還為烈士秋如水奔忙曾底意世間無事不東流

洪荒以後幾人回快活無如滿〻杯茶氣沁心雲過
壁林香浃髓月侵臺重城夜漏千家宿古寺晨鍾萬
佛来枕上商量何限事撐腸嚥口爲誰開
東郊春雨漲溪沙酒熟前村不妨賒得意文如離海
月會心人是出墻花孤山處士邦無客甫里先生亦
有家一事太憨還自喜終宵料理浩難涯
名亭踏遍水東西日〻花間路不迷風榻任教巢燕
汚香枝鮮向暖蜂低行厨絶境疑丹竈衽服深春學
稻畦料理来宵〻夕少事二分明月在前溪
何幸逢春又見君寥〻心緒久離羣桃花灼爍霞無

際勞草糢糊雨半分病後高歌猶白雪別来佳友已
青雲他時欲問相思處怊悵江梅笛裡聞
年来筆研付兒曹只有蓬壷一夢勞白雪梨花誰強
辨青山茅屋不相高西疇信息霏〻雨東社風流薄
薄醪肥瘦如今休照鏡身邉已謝舊裁袍
老大方知世界寬悔他螻蟻學龍蟠石淙滿地初經
雨香靄連天却破寒鶯似却超能入幕鶴非韓信也
登壇新詩莫下貧愁字從古詞人太劇乾
春山籠翠上樓初今古蕭閒最我居流水鳴琴横半
榻蒼苔濁酒擁殘書慈成石氣晴嵐滴吹送林香碧

雨踈不妨小孫来攪睡還將目境譜禽魚
昨夜今宵守短釭留君之故我心降書聲勘斷忩〻
漏鄉夢沿回滾〻江時欲與禪衾不二人何爲士愧
無雙每於星月欄干際奇賞誰知有缺窓
花逕依微去後蹤輕陰細草忽相逢溪身半隱步堤
柳嶽色全輸禁苑松事與歲年同緩〻情如郭郭復
重〻九街朝暮皆堪畫簇處人烟似不容
空外幽香戢茗枝只應騎火有槍旗泥晴燕子巢還
懶池煖魚苗種不遲書畫相隨琴亦在松筠分列石
堪移山居儘是閒經濟月處花時與子期

林際朝暉暎帽簷巡除羸得露痕霑痾餘碧草纔通
徑春後青山始滿簾惠好人應忘老少團圓事不擇
洪纖二分風雨三分酒爲是留朋未易兼
屋近城譙但俯郊年〻風雨捲重茅痴鶯未展遷喬
翅新竹纔抽壓石梢遠有江湖誰挈網晩從闤闠且
營巢徊徨半世如相失行路何人是舊交
膩草油雲碧勝烟知君歸夢泛湖船晨星落〻看花
伴山日陰〻養參天對酒情深今雨後論詩意在古
人前十年城市余何事瘦骨嶒崚枉自憐
山間無水不澄清爲是成潭獨也名石氣移人渾欲

重一分輕快又松聲

内院結臘

庭院寥〻樹〻風夜深人在月明中夕生只信因緣重相對無言萬法空贈化門法師〻卽自金剛行脚到此而心學高明者

回臘擡眉面〻峯一猶難畫更重〻登〻會有毗盧頂方是何人個處逢又贈化門

十年回首大江湄生老人間苦不遑究轉寒蟾雲盡處蒼茫孤鶴夢圓時萬山落葉難爲別三月花開定有期語到前塵增悵惘只應無恙木犀枝偶讀鄭愛男奉恩寺詩和贈聖典上人歸奉恩寺

流水青山客到稀只看落壁掛僧衣閒吟倦讀無餘事坐數庭柯夕鳥歸 偶吟

閒雲飛鳥付殘書摸寫聲情畫不如至竟光陰消此裏堪憐老大一床餘

在處身心孰有無人〻自我竟非吾一般雲月頭陀界忽漫和南笑矣乎 書示金剛山榆店寺僧自學

蒲團趺坐悟如迷香海茫〻白日西千佛同參三夜夢靈山會上雨化泥 贈住持混虛師二首

清晨做夢境方佳覺後迷津不可涯九陌烟霞横下界一天風露集虛齋生來浪跡居無定到是癡心隱

欲偕現在華嚴多少業偈翻懺悔若為懷
翠壁丹崖即洞天明年料理買山錢隨緣且伴高僧
食衲杖支頤盡日眠
座間蒼翠一房山松與蕭疎石與閑只許有時來白
月餘生嘯傲不宜還

和贈津寬寺三湖沙彌

忽忽別路易斜陽回首祇林意更長火後摩挲猶覺
潤兩行清淚灑崑岡

書示化門

忍慾離塵不是衣萬緣空處法雲飛人歸佛國非懸

度儂道名山盡鐵圍千澗落來應過雨九街昏後尚
餘暉滿身薰得栴檀氣何幸浮生斷俗機

偶吟

病慵元自漏醫方抵死相隨只筆床五夜沉吟殘燭
暗一天歸夢早梅香爲誰白月旋〻返似我清溪滚
滚長嘗遍酸醎還澹泊思量非復熱心腸
一丈絲蘿十丈松山中甲子若爲悰鵂鶹對待巖間
語虎豹縱橫雪後蹤平地曾云星斗近諸天更有霱
雲重劇知塵想磨洗難慚愧年凡七字胥
白月揚輝宛轉行也應天不厭清明殘雪剩霧浮烟

色誰散空中漫〻橫
羣峯歷〻佛頭青憶在前年水上亭今向諸天〻半
坐眼中無物只心靈

咏雪

世界無妨辦玉清羣童隨手握輕明那知造物能如
許只聽終宵颯有聲

軌訓沙彌三冬問字中逢告歸詩以贈送

登〻絶巘不知高慰汝尋師兩日勞追想離亭相對
淚小孫情契許同袍 軌訓經宿更會喜而書贈

睦倩偶道他席強韻戲疊四則亦用刻燭之令

詞賦殊非氣像嵓雲中縹緲降巫咸薄醪晼晚通神
藻殘雪留連壞色衫米老筆鋒藏趯勒柳州文病嗜
酸醎存亡舊感頻驚夢物理何關楚也凡
口眼谿呀列帷嵓菌家小或阮家咸朝來折簡方勝
疊夜坐彈棋尺許衫四座轟談呵似辟一樽滋味淡
非醎癡翁負手巡檐去錯喜吾兒最不凡
明時似欲返高嵓終夜書聲一德咸遇酒無緣傾小
榼遊山有約理輕衫人情閱去濃還淡世味嘗來苦
又醎病後攻詩非自得閒吟錯道隔仙凡
柏酒先須酹呂嵓元朝發策遇恒咸衰軀借力桄榔

杖貧況隨緣薜荔衫詩道悟空才欲鈍農談透理上
爰醎經心造意勞還拙用盡平生例是凡

李友容愚偶誦元上舍世準寄贈詩步其韻成

五則

韻格非徒海水波（曹植有海水揚其波之句）南朝才子最陰何起
居只欲隨嵓竪生長其應允綺羅到此花風偏有信
從前雪月亂相過丹流永峙無窮極將奈春来入夢
多
笑他浮世苦奔波百歲歌聲奈樂何織女下機雲漢
淩奕秋當局曉星羅忽〻日月留難住漫〻風流耐

不過至竟消磨無所得其如孤負古人多
歌臺休羨簞生波檀板低回唱奈何研史從他嘲脉
望談禪無復畏脩羅中消亦顧非騏駿內翰雖貧有
邁過高卧那堪消碧痞春風隨處酒旗多
終日人家暎綠波漁樵生理問如何松聲半是輸樆
柵石勢公然隱網羅犬豕同牢誰辨別蟲魚欲䟽每
經過衰翁閑目渾如睡世故寧知閱歷多
叵耐光陰逝者波些兒春意奈人何霞棲日脚燒紅
皺落捲溪心綢綠羅病馬奉身依櫪立嫩禽回翅掠
檐過詞家從古新年感迴句名章已許多

又疊前韻東李兄

回首三冬叫吒波擁爐無意折綿何能年(宣廟壬辰)殺氣環江戶(日本國都)海國寒光射鄂羅(北氷海郎俄羅斯地方而俄一作鄂)梅可爲妻君且住烏猶求友我誰過經綸未試身先老只信春暉照眼多

和司空表聖五絶三十一首 俚語

犢生半年許跳躍毋牛傷割愛賣前市輸祖免桁楊

持斧過堂去忽何行路心鄉綱多故犯伐木遂空林

飯粥太無節今年過客頻前村俱厭避攤眹馬鬉巾

節巢如有度乾鵲趁春回一歲占風驗何方牖戶開

花名文字外紅槿卽無窮又是菩提麥何關悟佛空
村娘手頻潤爭如春雨須失心良足畏歲閱幾農人
少輩嘲訕我利害無重聽生員鄉品是家世昔何青
縱昧相人術貴人非別人近來多契悟花下唱陽春
朝來行一事無奈起羣喧依樣角何苦難分人與猿
本來山叱令豈有膣後前一柄手陳在林間黃雀鞭

漁家

天地漁人老春陰一黯然生平衣飯椀萬水躍紅鮮
歸鴻多眷屬沙際爲之寬斷岸來孤鶴臨流照頂丹
圓沙宜曬網顚木自成橋畧解春風意青帘向客飄

無能知戊社歷〻水頭飛從此春江暖簷間織雨衣
魚罾獨舊步夜氷一篙高我亦如槎疾洋船杻繹騷

獨坐

野火燒難盡春田草色新如何鋤已半不見帶經人
永晝花添韻良宵月照心常嫌多峕調不復理塵琴
水急援竿誤山高度棧危老来心力懶凡事日趨卑
檐日難援暖林風鳥破慵午窓人獨坐身計酒千鍾
甲子重回久浮生枉自憐花溪翁有作七十是稀年
壯時猶退步雲路日應愆老益飢難忍餘生望有秋
東西分小埭田水歷人家伯仲桑麻用高阡吉貝花

鴨脚毗劉木春来早葉稀空中應有跡終日水禽飛

光明通萬古星月印空青暗室求其似忽忽有爝螢

正省輪鞅外環控是孱顔萬水無間地帆檣日往還

未必尋幽處晴嵐面面山逢人人不俗曾見古松間

仰空勞頸脰孤鳥入雲霄恐爾歸難得春山倍寂寥

我思非我者瘦骨對寒燈賈島前無李詩名不似僧

忘機還起想形影入無何強作非真體人間酒氣多

春風何料峭春雨何廉纖不耐茅簷短門垂敗葦簾

穿林餘舊徑花氣辛新春從可抛巾幘翁今戴白人

巾幘所以戴戴白
之人又何戴焉

朸堂遺稿 二

詩

扐堂遺稿卷之二

詩

次金石塘受淵見寄韻

燕市歸來一劒餘樓臺盡是別人居薰風暖日於焉客流水歸雲若個廬未老浮沈身自在多生迎送意何如中間契濶都休問青眼還省白髮疎

雉嶽山立石臺

鬼刻神劖石作峯憑空一柱戴雙松攀登直似雲間擧儂是如今陸士龍

偶吟

蓬莱連宵聽雨眠不堪歸夢劇怡然階花對映嬌兒頰墻樹初齊老婦肩覺後無端還輾轉想来何事欲痴顛陰時容是晴時容鍾漏今胡獨抵年

和柳友 箕喆 見贈韻

落魄緣何氣轉豪半生心計寄紅醪當年勝事留鴻爪昭代名聲有鳳毛硏槧欺人身已老樓臺易主夢空勞旅窓棋罷挑真想炭裡漁樵一着高

書来驚旅夢斜月隱紅亭語〻無塵雜多君秘性靈

和江陵使君洪 在愚

聞說洪厓子驂鸞向十洲拍肩應有路蓬島艤空舟

知心不知面勝似市交人獨倚秋風裡悲歌廓八垠洪使君素無契分而赴任過路忽以詩投示卽余之昔年所作擬古結客行八首中二首也騷人雅事足以千古仍走筆和謝遂結忘形之交

李錦西 熙豊 共賦

回字窓稜亞字欞盡教萍水漲虛汀為誰初月當簷白許甬羣山抱鄗青處士其時無地奠靈均以後幾人醒秋情不解濃陰惜可耐踈槐墜滿庭

淹旬皆雨長新苔樓下寒塘欲滿杯酒似求仙終不老詩如念佛悟方來秋聲落木蕭〻下曉色明河漠漠回真到名亭人更勝故園歸夢莫相催錦西以巡中軍来数

旬間唱和者多而尋以疾終
于客館詩稿散軼只記二首

石下族兄與賓佐課夜消永余亦步其韻

活眼相看我是渠形骸偶寄一蘧廬風流閱盡跡琴
在沙漠歸来尺劒餘得意無如書罷後融神忽似酒
醺初明年又作江湖計陸綱張簑耐可漁

多生来去捴夤緣旅食云何歲又年經濟空餘鸚鵡
粒行吟忽是鷓鴣天不關俗事方知伎爲夢家人強
欲眠此地遲回君莫訝其如浮世挾於船

重水重山磴路斜歸情怊悵碧雲遮别来桅結同心
子客處梅呈一度花薄日樓臺飛凍雀渓村簫鼓起

神鵶園扉莫恨無人欵應識斯翁不在家
江湖重理未寒盟回首黄驪雪滿城準擬登樓還作
賦誰料賣藥尚知名鶴非報客曽何事雞不催晨岩
有情記否吾人連夜話於焉斗轉又河傾
座中無俗客相對古人心廿有窮途感詩爲盛世音
病因逢雨雪閒似入山林默計浮生事前年業已今
戲爲鳥言寄慰春川張使君 仁遠
桓山歸夢〻仍呼半在雲林半石湖除却偲〻生死
別最關情是母將雛
秋田飛下稻花香纔曬残翎意更忙未啄胡爲先自

咽南天不盡水雲鄉
鷄於羽族鶴難如身計依人也不踈出入樊籠皆自得終年啄粒々還餘

戲東江陵洪使君

鶴城秋月夢泠然一別無因更拍肩老去猶爲瀛海吏塵間還有玉京仙魚鰕麋鹿穢生賦楊柳櫻桃白傅緣病桃相思空艷羨風流也復似丁年

次無題八詠韻

東風枝亞拂墻花他自無心浥露斜爲是聞香々獨異凝眸不暇問誰家 右窺

春情透半欲開花待到林梢紅日斜解唱檀郎愁死末一聲〻是倩鶯家 右語

過境還如鏡裏花春遊何待月將斜無情有緒長堤柳紅板橋外第幾家 右約

白蝶隨緣恣採花不教風雨半山斜明知夜合真奇品千劫歸来譜卉家 右宿

毋〻晨光瞥〻花撲頭撲尾整還斜刀鎗割盡宜無血終古究家不是家 右别

昨夜今朝念〻花眼中何事忒攲斜俄然僵立還癡坐這業身方獨在家 右思

無去無来驀地花生平錯恨路敧斜最〻夕〻應如許非復山描是大家 右夢

金箋淸漬淚墨生花疊做同心葉男斜既已臨行叮囑久還愁授與別人家 右書

戲作美人答

臨鏡無端自照花怪来帽影亂欄斜擡眉撞着仍回臉爭奈娘〻不在家

辮〻鬢〻攤却花狂蝶上下午風斜從渠鬧戲堪着死誰是如今賣笑家

繡羅流黃錦上花元央何意兩頭斜情知配匹由天

定歷數隣娥盡出家
紅燭宜人結作花秖應河漢屋頭斜生来一夜偏多
恨鍾漏悤〻月姥家
九日東風一日花〻前又是别歧斜殷勤牽住香羅
帶倘許王郎憶謝家
心似飄〻拂〻花支離春日又將斜西天菩薩名無
礙發願今宵度一家
方是天涯似隔花十回驚倒鬢還斜蘧〻栩〻誰分
别只幸情儂亦有家
滿幅蠅頭却粲花初焉直竪忽横斜辛勤讀到情鍾

處聊復低聲慰自家
劇醉閱坐座客贈行詩卒卒口呼
紅消綠長日遲遲燕鶯相過不我知海曲渠鴻非失
意窮途阮籍亦多時如今事業惟康濟強半人生是
別離他日擬將回首問更從何處遇鍾期
寬閒瀟洒足平生垂老如何獨抱經林際留連移雨
氣樓頭偃息愜春情避喧元自騰羣笑向暗誰知屬
大明末必東華尋舊跡晩從流峙遞相迎
一吟復一歎多少箇中懷盛世生無益英雄死便埋
病猶繙爛簡閒欲搨磨崖想象烟雲裏漁樵可伴儕

相對旅窓下春風三月時達人貧更甚長日濟無爲
氣類還終始英華亂盛衰本來萍水界離合杳難期

醉中口呼

坐處爲茵立處臺羣山低翠漾深杯殘花一樹猶春
色時有黃蜂白蝶來

扶醉下山

如夢龍城昔觧携人間無奈日將西歌兒來否詩人
去隨意青山不肯低

贈賀正副使閔 泳緯

緋魚辭陛已初志撫桑蓬關令由經幄連城邊上公

飮氷恢古義含菽仰高風尹顯岐爲書狀官趙然昌爲正使故上句及之含菽借閱仲叔事用之筐篚環星北屏翰出日東列朝風肆好

匝地水依同黃道三正近青河一線通封函清蹕靜

叱馭祖遊空流水湍坡轂回飆漄湏蓬巖程知有限

遊興奈無窮朔氣清商畫邊聲畫角雄行人冲雪霰

遼野入帡幪涉遠詩添料刻愁酒策功寒迎東國使

春在上陽宮步々王靈仗言々學力雄洋嵐餘筆

塚沈董亘文虹洋嵐謂王漁洋紀曉嵐也沈董謂當朝翰林沈東成董文煥也起諦

觳音外經心色相中倘驚孤館夢應怪十旬龍聾寧我

魚忘水休君鳥脫籠於焉燕草碧忽又海雲紅姑捨

山榛詠流光感　聖東

題大雄弘矢帖 并引

余嘗酬諸友問云人之生如可以任意必也我東之四月八日乎答子之指似謂燈夕故而中國則以上元也曰燈戲之有市有樓有棚本爲佛宗如来氏設而寧以解脫日不欲以闍維日者吾俗之重生輕死意宲無妨正着星聯珠綴於街衕坊曲之間人〻光明寶藏家〻不夜城中則浮世百年生日會便可不勞而得矣況紅消綠漲好天氣冽水之豚青門之芹旨且多于時湯餅辦亦不易乎

此其過去一噱閒話而汝以是日生適中吾頗奇
哉矧茲上元甲子正我 聖明一初歲德也老物
之含哺鼓腹從此無幾則實有生晚之歎而汝輩
之夔龍及斯儘可以才地限於其進取盍先勉焉
雖然吾之祝不幾乎鶚炙時夜耶命汝小字曰大
雄志吾昔日之戲耳陳物試兒自古是晬盤活套
書此以贈之詩曰
我聞子丑鴻濛後大荒西有提指國橫目圓顱寧馨
物兩膝生腨行偪側左ノ右乀名爲人首於五蟲其
形羸伊來九百零甲子祖宗于斯各自我齊州山水

青白繞前後得姓何芸〻吾尹舊是根柢大執鏡者
誰朝南薰穆清於周循良漢逮至北宋奎華放天水
鄉貫何代始支離陳述還僣妄三駙氏族雖蒞然勝
國中葉家聲振鷄舌香飄玉筍班當時雅望王之藎
四代五公又吾家河中砥柱不足比人物銓衡　禪
命初種德發輝基於是池上鳳毛烟花繞庭中豸角
秋雲暮雨　朝者碩補二難黃兒黑龍各遭遇奕世
清顯雲仍在大家食報資餘麻部外青山百里遷避
心歸老小菟裘詩禮門庭傳世業百年和氣家人卦
生老升平幸而已凌屢何妨顏種噌中途萬事堪悔

死拔宅云胡客頳眉病樹猶爲春意思滔皮逗漏側
生枝欲洗坡翁洗兒詩因他失意還矜怒且將榮辱
付天公淬礪惟冝自攻苦氷壺自是傳家寶身外徒
爲竇之賓童習蒙端皆格言纔離襁褓已成人睟盤
試戱強作歡老我前程能幾許他時證果須自愼一
龍一猪皆由汝

幼子初度日鄭蒼下尹月坡申東樵成樂聯袂
而至拈韻共賦

東社詞人自作林憐吾久未試閒吟貧猶遇客常敎
住老復當樽不歇溪檐索無風多鳥語池陂過雨漲

春陰從知燈夕年〻好湯餅拈邀思不禁

鄭蒼下鄭菼山 敏和 沈鍾山尹月坡適至

索居多半是神遊階限超然境轉悠人物相期東晉

世夢魂長在洞庭秋身邊只博支離病眉際胡為汗

漫愁登喜逃空頗自得況兼微雨鮮相留

朋成一大捴知名無約翩〻領舊情數里行程春雨

細一塲談笑夕烟生案頭書卷誰教老門外池塘夲

自清欲策酒功隨處可胷中碨磊最難平

春雨春風八九分郊原一暢恰為羣脩林溪拖青羅

帶古壁苔緘綠篆文何處行程非月露吾人在座盡

烟雲縱知推詡詩為病今後吾方得御君
團坐居然整暇容談空好得抵晨鍾詩穀子是銀花
合家世其誰木假峯杳露尋常沾野菜冷風朝暮聽
園松如今雅謳堪存證人若為雲我可龍
吾輩光陰奈老何只今燕市有悲歌夢如圓月真難
缺心似空潭也不波詞客知爲前世佛春蚕等是後
身蛾隣家亭子看吾有誇說同人已許多

偶到蒼下宅月坡及金醉石氣浩續至

莊生於古最知遊到是天機任去留消暑聊爲此日
飲晚風定在誰家樓棲遲易感藹〻涕著述當如柳

柳州俗事難追吾輩悔江湖處處有漁舟
鶯語蟬聲盡此林吾人聽過奈光陰座間白髮誰偏
老屋裡青山本自深達觀未須論事事禪機何苦悟
心心勞菲莫近沅湘岸悽斷千秋屈子吟

生朝邀鄭蒼下李石樵濟秉梅下共吟

氷碾繩床雪滿扉從何占取一陽微好隨東郭先生
任不與西湖處士歸在處名香休盡藝有時談屑或
聲飛年年趁我生朝發相對無須悵落暉

崔老宗玉投和原韻再疊酬示

午橋流水繞村扉萬民中間一線微日夕重逢何意

趣髯翁數去不知歸李老繼黙與翁追逐故云霜華已覺弓刀冷
霞氣仍無筆翰飛記否青山無恙在如今儂是謝玄
暉

忽憶

氷腮玉骨自然姿何處曾逢雪月時和靖妻之儂則
友西湖東部逈相宜
雪許輕明玉許芬極知風格少如君千秋所以羣芳
譜獨也先春策上勳
而我鄉居四十春知君昔未結芳憐甲寅曆記栽花
日好是清香臘上旬

雪屋風窓不見人坐如參佛悟前因居然祛我形神
識别是莊嚴清淨身
韓壽全身徹底香来時微覺坐時忘玉貌金鴨還無
用典畫前村煖酒房
竹應知己菊同胞儂亦相從證舊交歲暮一般霜雪
感劳心最甬泣珠鮫
氷碾山庭雪壓檐爐頭烟縷不勝尖從何氣帶些兒
暎齊送香飔透過簾
食廢饘羹飲却温逢君始欲氣還元不知似許輕盈
質何苦来春蔕又根

鄰園秋稅鶴添逋喚點其如冷淡廚只博吾廬虛一
座剩茶殘酒不相須
年來甘作有情癡閱歷秋風兩鬢絲人世誰能憐我
老夜溪燈下泣西施
人非高古不宜看一瓣一鬚春正闌紅紫滿園他日
事從他汗〻又漫〻
昨夜聯珠今日花孿生兄弟不分他小寒一候具湯
餠招募詩人鬪太和
蠟鑄黃柑佛戴糞鬚粘枯蝶壁添瑕亂叢只可從今
俗太久天真是古查

姑射仙人字綠華羅浮别族又傳家五經精秀應成

出最是毛詩結 正範

茶氣書塵事〻香天肰離立玉壺傍詩禪坐睡琴兒

去難想春風獨自芳

桃杏前身問櫜馳如今善變正堪詑初秋摘葉真詮

在爲是花胎養許多

國艶由来薄命愁王嬙蔡琰一般蓄羌兒擫笛應回

避燭灺酒闌何處樓

使者來回天啓年粉紅單葉最嬋妍依俙清淺黃昏

字人亦如花名共傳 求回之求字購字正 好用李月沙事

春屬無非夙世負瓦和尚對竹夫人一雙眉與靈心
合冷煖於君最不顰

幽襟如水好相期每到花時不暫離趁我生朝情更
勝去年詩事亦云奇乙丑生朝有年〻趁我生朝發之句

立春

餘生重見故鄉春〻色春聲一暢神舊歲將除如送
客新醅纔熟又逢人夢回上國紛華地身作溪村力
穡民計不從心〻更變只堪猿鶴日相親

和二樵軸中韻

東城人在夕烟村底意窓櫺不肯昏紅樹相看春有

跡青山如約月生痕將身倏欲飄〻羽終世須為灔
灔樽落魄如何儂不老生平舊契半栞軒
軟塵回首夕陽多來也無端去也何生老其間渾不
覺九原前路始興嗟

擬李香林甫永

離情聊以酒杯寬醒後其如客榻寒去矣紅塵欺我
久居然白日向人闌村狵夢囈陶潛栗谷烏春嚶李
慁盤試想黃驪江上路騎驢人似畫中看

端午帖應 命 代李台載元作

紫禁欣瞻 玉色溫蘭湯粉滴各沾 恩榴香不斷

花而實桐葉新抽子又孫國俗秋千宜夏五臣工華
祝每嵩樽通班猥忝怡愉地長樂鍾皷攬九閽
雙隻筵開閱典墳　琅音惶恐棣華芬　宸旒儼對
江心鍊儀羽羣趨殿角薰槐燧人烟連八極麥涼天
氣過三分含桃筍〻丹東梁擎進宮盤替野芹

紅藥樓夏夜　金小棠奭準書屋

坐来忘了困炎蒸萬象涵虛露氣澄紅藥樓中驚旅
夢黄梅雨後憶親朋何時共與仙〻舞此夜難為烱
耿燈不盡清風無際月阿誰生長又金陵

雲田又以三絶句要和

穹者覆之隤者載回環八極皆洋海鰲背神山鎮坤
維縱橫拳石何⿱山畾嵬不是鷦鵬蚊睫棲夫何舟筏風
迷迷中有仙人五百家雲偃飄如涉澗谿天外岧嶤
問誰居一區花木入招提塔刼飛回共命鳥有時交
頸相和啼頂禮無量壽如来身心遂在蓮花臺給孤
獨園非別地七處平圓燦璃瑰天竺先生頗好奇樹
石粧成雲錦堆爲愛臨池添水檻小閣梨供仙露湛
散花空中時作雨澄泓一碧長無減杯渡重溟何足
多萬源不過觴初濫香爐曉瞰凝紫烟千尺紅虬榑
桑連頭頭點畫石聽經百年圍住生公邉脚下風回

水轉處到家消息知誰傳木魚無皷烏啄磬拄杖忽
如方入禪陸翁無語陶公立天地寥〻萬佛眠許甬
岑岑亦同調遙日相逢但吟歗橋上回頭木末招風
流萬古傳三笑時與古人詩境好求其形似誰相肖
頽然一片異醒醉據似莊梧恰供睡入室對飲還成
趣風月何曾今古異物〻含靈生口眼文殊普賢應
隨喜南海潮音日夜聞窿然若含小舍利觀楓亭畔
問香國不然那有羣芳萃梵唄空山似舊年堂中擊
碎竹如意水氣時兼水色来萬色宛是湖心寺沙彌
頭角俱嶄然就中誰是補人瑞隔海相贈光明藏從

今牌佛擅千場念〻自期畝色外琳宮好是及門墻
清淨身有廣長舌地靈步〻參金光紅樹青山人自
在神理超然妙吉祥瞋鶴斂翅睛龜睇何如老宿繩
床伏世界非空〻則色滿地黃金皆秋菊礎上有柱
柱下礎千雲結構問幾所與秋崢嶸千萬間分付門
神納招排勝地有若生成就主人筵遇自天祐觀水
嵌着泡漚幻復恐忿〻促鍾漏卷中聖人還三七擬
讃行樂瀉伊鬱東土現化誰得似靈山云有曇無竭
神彩正想巖下松師若為雲誰可龍期望於人自不
淺端知語〻非足恭門外會濤不可涯烟雲何處躡

仙蹤

雲田又以三絶句要和

空界禪音泛沆寥山間朝暮此中消長風捲去茫〻白知是重溟退晚潮

境從太上回環去千載相逢知不知秖信前人留隻眼蘭亭筆意誦仙詩

遲〻竟夕也誰曾一宿莽然紅日升大地蒼茫西不盡頤從香國辟支僧

哀李藕船尚迪 并小引

昔從申澹人侍郎讀 恩誦堂詩新拓本仰之如

朱明以前人近聞墳草纔宿彎幕未撤嗚呼並世六十年未能覿顔華聆謦采耶金小棠又其青藍而敘平生甚悉焉且晤胤嗣於小棠席間故詩以代哭聊寓瓣香之遺意耳

風騷枝葉漢唐流華夏人文六十秋泉下應無遼海限羨君歸與繡山遊翁以譯官九度乘槎中朝名士無不歷抵孔繡山憲彝最其四海知己而先後棄世故云

過利川與李進士興來共賦

澄交何必唱君車到是山居或水居始謂餘生風燭也竟無弱質臘梅如少時觳價孫陽馬近日行程禦

冠輿南國歸人 知雪意清晨理屐更躊躇
歲色如樽酌淺深劇憐冬日倍夕陰時名竟是荒年
玉刼界真無端 地金雪崗糙成逕夜月氷壺移寫故
人心寒来韻致寥〻甚不覺遊塵細上琴
閒將意馬步蘭皐剖斷無須賽薄醪身欲来眞還是
贗言如汲古未爲高平心處〻皆青眼定力人〻有
白毫料理桑田非濶計秪今滄海不容刀

立春書懷

今晨窓紙報春聲徼幸新年命運通若較賢愚成 正
果衆生無敢恨 天公

吳樵隱 泰東 清凉郊居與鄭蒼下諸益同話

道是隱居非世間春来百事盡情閒映樽白有文君酒帶部青餘謝眺山如約老樵攀石磴幾時殘衲叩松關主人認是桑緣重吾亦當年日往還

流水爲期不盡清滿山飄灑又松聲綠楊好在三春去黄鳥相隨十里行強半香塵晴繞屋從前瑞靄碧連城百年天地浮休跡贏得詩人倒屣迎

促〻節音淺〻涉浮生觸目是年華驚翕忽去披雲葉懶蝶時来覓菜花久客睡醒風正暖故人情重日將斜風〻雨〻都休戀自到春深不在家

前村櫳落夏陰陰閒草猶能自作林歲去蹉跎同老
馬春歸惆悵有啼禽今年俗節燈宵近吾輩風情酒
氣溪蕭寺行程從步慣君家岩箇也相尋

曾孫初度

此眼曾經五世親今朝爲汝作弧辰但令天賦無奇
特認是生生積善人

送上使李石山 承輔 拈老杜恨別韻

行程坳折三千里使事聯翩五百年朔氣調停惟酒
後王春帶去是梅邊觀風上國多生債擬夢 重宸
每夜眠坎井如吾休自笑東人不過過遼燕

元春志感 并小引

今年即余再庚午也弧矢之日尚云逢遠入元春来自然新舊有感排韻書平聲以次賦七言律一篇此實濫觴於老杜秋興而字意重疊不復刪改鹵率任真無乃六十年坎壈之證案耶

生年周甲奈稱翁回首悲歡萬刼風友道如今同海鶴遊蹤並已付泥鴻碧山也共書樓在明月那堪酒肆空百事關身時自念脫来經濟亦難窮

此去榑桑水萬重曉来猶見海雲彤鳳凰丹穴應傳

種玉帛扶婁倘受封步驟唐詩隸晉筆聲光魯頖與
周靡烧香欲拜殷師像白馬何天杳客蹤
漁樵戛過誤聞跫獨自為歌繞後腔此夜坡翁身化
百明年魏鄒劈成雙衰形醉態藏高屐暄愛春風拓
小窓誰識孤居猶未睡前村簫鼓攪羣猗
一生山居與為期分付閒愁莫到眉沙際渲青漁父
喜簾間透碧畫師知靜如太古應無始去作層溟不
可涯個處周旋惟汝在残年契活足安危
春似行人去有歸怕他牽碍敞虛扉孤山處士補和
靖華表居民憶令威十日陰晴歌有客五年寒暑賦

無衣豈將身後能如願世々生々作少微
記曾先輩或過譽夙計青雲一氣噓案上農書春到
後座間川客睡醒初最關羞吝居無竹何與光鮮出
有輿擬冒慈悲千佛戒今年乏打渼陂魚
聖凡無別況賢愚雙是雙非各自吾支辣事如鬆巘
白鍊攻人此躍金爐書程尚或窺全豹詩境真難擅
一狐至竟吾人歸宿處子綦之几惠施梧
公然喫酒醉如泥竟々形神却墮迷川際烟雲分上
下山間日月遞東西生平佩不臨江鮮老去襟猶過
漢題々謝春禽知我在辛勤覓向曉窓啼

吾東樸素俗難挨尚欠節茨與土階花九錫應勲券
侈詩三昧亦佛心乖天涯誰共晨星望塵界人猶寶
鏡埋但使儂家金貝積購回古董列書齋
底意星霜爲我催明中有去暗中回酒醒冷似千年
雪書罷香於獨樹梅居欲仙都兼佛國名宜麟閣又
雲臺驕癡一念消難得自笑春風鈍秀才
索居非病亦頻呻老大公然不自珍巾篋伊来餘墨
沁管絃何處起香塵丹厓翠壁同埋雪衰桂枯蘭每
入薪到此無情還有恨燈火時學墜樓人
斗室繙書到夜分知他氣埶足張軍銀鉤鐵索垂鍼

字春蚓秋蛇倒藏文落〻時人臨禹碣滔〻名士學
顏筋連床疊架須珍護第一奇功辟蠹芸
雨聲招返百花魂半在平林半在園茶有餘杯邀客
子畫將全稿屬兒孫簑衣擬倩漁人手菜譜曾攜老
圃言名宗如今料理久夜溪燈火潛紅渾
此身方擬老江干飢飽中間手一竿料理春風花富
貴挨排臘雪竹平安險夷慣自習中還冷煖多從臉
上省生死忘形知有是滿庭羅列碧巑岏
百計無如萬念刪蒼生眞訣即清閒料他老屋雲千
載到是溪村水四環白首相逢同白社青眸重拭但

青山中箱擬覓蒔花課々角書童見一斑

七尺軒〻枉自憐古来賢達幾人仙風光歷遍三千
里哀樂平分六十年抛擲虛名桑海外覓求陳跡醉
鄕邊感他兄弟勤畊種儂亦經營二頃田

倩人扶起醉来腰因病先衰不自料孤店浮烟見賣
旅斷橋斜日集漁樵雲晴須卜霜華重浪靜猶看月
影搓隨分饔飧雖按例將如少睡又今宵

柴門終日瞰江郊應有詩禪月下敲水石分排淸澗
曲烟雲點綴碧山凹圖成笠屐心先契字閱蠹魚手
自抄透拙如吾無與匹經年未構放翁巢

睡罷青山一抹高老人風味免牢騷搔爬不任酲窩
病康濟無功夢亦勞閒處方能鴝鵒舞貧時猶有鷫
鸘袍蒸霞認是多生債從此仙源去種桃
當年蘓子號東坡寓客公然管領他佳友醉時紅燭
短閑翁飯處紫烟多從教病樹皆能葉待到氷湖也
自波儂亦賴眉長入夢春簫曉偈穩經過
歲月空消錦上花異鄉遊歷未堪誇白雲紅樹皆僧
舍袁州寒烟或妓斜胃病應添斟敗釀瞳光全損拂
獰沙支離最是存亡感不識吾生亦有涯
齷齪時名計初長浮華真是號清狂恩方擬報誼騎

偶書已催成未換羊紅酒斜陽增意氣青燈細雨入
商量維庚古甲千人甚賓貢春来合上章
始知書劒誤平生斷自今年江上畊夏果匀圓紅靺
鞨霜畦倒掛紫膨脝稻花香裡攜童稚田水聲中喚
弟兄回首名場多少事無寧叢博掃全枰
從他少輩散如星今節其何各醉醒爐煗癡蠅黏斷
簡雪溪飢雀瞰空櫺浮生催老由情恨獨坐沈吟認
性靈道是春回還寂寞出門惟見萬松青
閒来萬念苦相乘燒盡前宵一桅燈不妨微風松有
韻最憐殘雪石生稜讀書未學焚修法閉戶還爲頓

悟僧夢接嬌兒千里面起来消息杳難憑
老少随時莫悔尤生吾世也飢云浮防寒似敵来無
盡守歲如株去自由雖欲爲臺非避債不知何州足
忘憂詞人在處皆名勝春是蘭亭赤壁秋
庚年返六屬之今我思胡爲水轉溪閱過詩程渾萬
里起来巾影忽千尋草光似有譃〻德禽語知他眷
眷心畢竟餘生綜理法花前讀畫雨中琴
心緒紛如畫意酣若干省識大難堪氷泉猶澀凝無
水山日初長畧有嵐碩果皆補停翠竹泡花認詵出
青藍明年會向非人境十笏規模結茆庵

鋒頴從渠減舊尖年籌心筴兩俱添飮停猶記流觴

妙吟廢曾經刻燭嚴良馬瘦殘仍款段名姬老大亦

無鹽寒㲉斗屋兼風雨時警来人觸帽簷

余生已是落塵凡閱歷堪憐半世饞夢路云何皆勝

踐老儒於我卽頭銜身纔蠢蠖還坯户心本浮遊欲

掛帆讀罷離騷仍反反不知何夕降巫咸

老樵圖 并敍

演劇故非東俗佊擬而仿採之圖全譜氾音

塡度謂武十分盡蒴仍與一二詩伴曼聲按

拍粲然相對終是會聾而鼓無處問質而已

枯蔆蘭莢響春雷趁朝陽綠簑閒曬磨鐮横半月理
屐拂輕埃良苦生涯只有個狠鳩盤碨嘴兒泒風露
淒〻五把香蔬十把柴岩泉瀰〻三分碧澗二分泥
支離白日爲誰低長吁一氣無人遮無人遞挽歸且
向城中賣俺不是姓萬兒怎欲倩楚優撞揭地耶溪
怎欲倩鬼叟攀躋終日裹披雲林眼不迷度霞壁心
無悔一謎價澗曲岩崖来去千遭更百回自是俺許
多時驚寒怯餒非要俺貪戀閒杯斆飲鶉居弟妹相
偎只博得一粒無營半絲不售終歲棲〻盼不到富
家傭單身樂自在料理一心般幾口兒来畢了潛喉

罷了頻啼嫩皮膚去受胼胝熱心膓耐過摧頹眼見
得狠鳩盤舉案齊戒兒曹使性乖休裝做朝晡閣落
汪〻涕打破俺肚中牽掛斷自今使休題豈不見病
嚴陵一縧堪繪懶商岩高躅難擡這般肴月抹風批
會須到氷消雪鮮一箇〻熊蹯豹胎減〻生宿債爲
甚藜芡混蘭燃薰雜蒞俺多管空罌斗粟全家頼豪
門疋綃沿街買有幾箇風欠酸倈也則入黃壚一地
徯過亥市多般害齺京兆那時罪誰識斷烟廚眼淚
凋顏洗因此向己身邊銘心着待撞盡日候門兒襑
子擕排幾時糊口兒本領賫打疊起真證果撊出老

樵圖這是閒經濟浹洽俺本性兒免教甬井蛙謅海
虧了小排場破一句啞聲兒說来由傳笑罷

晩春京旅和諸生韻

雨樓無約漫相從酒息詩情孰淡濃尤喜終南知畫
意簾間揷到兩三峯

儂家庭戶對清江慣見禽魚来去雙今日紅塵留任
甚太無情緒是羇窓

庭花吐蘂我來初差喜餘生酒不踈鄉夢驚回獨醒
坐夜漇星月照殘書

又疊前韻和豊基金措大見贈

憐君志業負當初垂老相逢契不疎病枕呻唔聊自
適杈枒知有腹中書

遊利川睒月庵

坐来閑草亦天花雙樹陰々鎖碧霞老衲宜参高士
傳禪宮似訪故人家檐端逗雨雲容變臺下鳴泉石
觥斜古佛依僧貧更甚西方何處設無遮

留題李笠畊興来書屋

得々寒虫各自聲羇窓夜々若爲情雲頭雨意旋々
返樹末秋痕稍々生葭露中央應處々燕鴻来去揔
行々漢山々色近何似回首前遊々興清

洗硯

楊柳樓臺漲綠陰楮毫何事嬾相尋墨華甯豈無量壽石性終爲不染心病後幽期猶斷簡閒中餘債又塵琴明朝且復臨池學綾盖周旋情更深

懷同庚諸益并小引

人生六甲已是耆年而歷數同庚舊契之留在世間者並我爲二十八人可知壽星之偏耀維庚矣懷其人而想其地各賦半律一則同列序以生朝先後亦前輩甲契之例也求諸素昧又當得幾十百倍而以余所聞如趙

公秉昌曹公錫雨貴人也宜此脚之不及門
獨權應駿甫之聲息雷灌咫尺天涯其非久
事耶

西原韓聖裕君明正月初四日

人琴去後倍蕭寥水市烟沘億〻橋氣貌應兼心相
好醒時猶自帶紅潮（伯氏進士致元甫先亡故首句及之）

八溪鄭顯德伯純正月十二日（庚戌文科文東萊伯）

憐爾詩名噪海陬燕槎一路最風流支離水寨三年
笛極目荒烟對馬洲

平山申 杓斗卿二月十四日

烏山南北每相過珍重村名記換鵝同學少年今老大且將餘日付高歌村名鵝岾

青松沈鎮元善長二月十九日

葱青易識沈家山此似江南黃木灣流水襟情三世慣幽居無日不清閒

西原韓鎮慶公奭二月二十八日

妙年塲屋擅名聲詩禮門庭又挺生止竟烟霞相伴住每追陳跡夢氷清鄭丈綺和氏郎其聘翁而終始教導期於發揚中途捐世故云

晉州姜文永孝思三月二十五日壬子司馬蔭今直長

專攻四六文程濶獨對三千字意深晩節寒花追祖

武鴛鴦繡盡度金針（壬戌三政策嶺南居首課做四六至老不懈菊圃公之雲孫）

全州李寅稷周元三月二十九日（甲午司馬蔭今郡守）

城北名泉句引回松聲石色也無猜蘧然一覺繁華夢自許庸〻是上才（退居上東門外城北洞石田茅屋極其蕭寒）

錦城丁大永公胤四月初三日（甲午薦補蔭今敏令）

幾年抛擲故鄉花斗祿欺人鬢已華樂事無如兒跨竈聲名藝海早承家（胤子喜變馳譽詞場今年薦授齋郎故云）

清州郭致燮景浩四月十六日（辛亥文壯今承旨）

郭外青山郭裏看蒼茫家國去留難知君斗祿爲身累玉署銀臺亦冷官

族叔載善景在四月二十四日

川翁門路悟前因六十年来蘊藉人玉樹瑤琴香韻動且收禾麥享清貧東川先生即吾家詩宗而叔其嗣孫也

族祖喆奎聖圭六月十四日

年来家事問添丁好見江天耀酒星爲揚寺碑通野客不然環堵只松青宅前有勝國時頓寺碑山僧野客絡續搨去

淳昌趙憲仁宅老八月十二日

水態山情兩眼尖如何老腹食無鹽間中點定丹卯訣知否黃精苦半甜

草溪鄭克善禓復九月初二日

錯將人事詡窮通修養於君驗綠瞳一理火薪賢或
在暮年身許許相同

東萊鄭健默用厚九月初七日

榾柮烟青二十年淸寒生理剡溪邉課兒且續詩箋
註草木蟲魚譜幾編晩家蟾江上以教子自娛而學識贍博故云

全州李命九汝果九月二十一日己酉武科今海美縣監

涉世吾知勝讀書英豪氣習老難除感他完福皆天
賜雖以汾陽恐不如有七男四女且以五子登科陛嘉善資

青松沈東瑾季瑞九月二十二日庚申蔭補今長城府使

菑銳詞場枉自勞孝廉船上換青袍春風作吏知何

意孤負城南萬樹桃
金州李謙浩景受九月二十九日
任他俗眼笑龍鍾金玉其姿益鍊攻蝌蚪時依蝴蝶
夢逢場猶說亥年冬余於丁亥冬委贄于君門而君時辮髮
同福吳徽相聖俊九月二十九日丙午司馬蔭今主簿
仕宦年來筮彙茅始知盤錯味全拋秕前礫後皆堪
證記否三庚強解嘲與李瑞鼎語石山宗正曰三人正是三庚聖俊指余云生朝最後者末伏也余答若以屠蘇酒作同甲會李瑞最後也
金州李應秀俊之十月十五日
古家型範但氷壺誰識高人自在娛賣藥知名還自

笑只今江炎斷烟廚

全州李奎會輝之十月十七日（癸酉筮仕 假監役）

湖鄉佳麗最吳興應爲高人韻色增猶恨金枝春未到鳳山瘦盡石生棱（家在大興郡鳳首山下 謙亭後監司諱曼之孫）

花山權承震東民十月三十日

家居朝暮見黃驪八大林前汪氣迷除却漁樵無俗客翩翩趙李幾相攜（家在州城北五里李友憲周 趙友憲斗時常過從故云）

豊山洪珌周必玉十一月十四日

幽居邈若隔仙凡餐盡烟霞老益饒百年團圓還有恨渠家德耀阮家咸（去年叩盆賢伉益友甫 有令望而先已夭逝）

坡平尹行駿景步十一月十八日 癸卯司馬 蔭令都事

昭代名公無歸庵詩聲傳與得青藍生平蘸著驚人語白首郎潛喫太憨

全州李泰逵汝鴻十一月二十六日 前縣監 武科

統攤漁火漾寒江鵁鷺依人也自雙官釀吾知非別味歸来猶復綠盈缸

平山申遇天用休十一月二十七日

不但同庚日月皆生来何事隔天涯上清知有詩爲訟嚴譴分教降玉階 蘭臭相近荊願未遂聞與余同年同月同日生寄詩以證交

全州李鍾震養吾十二月初五日

紅葯樓中一枕敲晚来書劒欲奚爲渭濱窮達休相

證天賦詩人老不衰(家在公州而客寓金小棠書樓)

錦山丁大進德甫十二月十四日

蘋風蓼月屬漁磯冷睒中間好息機四十年餘重證

契定知遼鶴是令威

附自贈

人間惡趣是踈狂知否坡翁時世粧傲雪凌霜如許

竹也將筍粉媚春陽

海州吳命常七月二十七日

垂老郊居爲避喧維摩天女極溫存隔溪烟火勤挨

望飢飽相關即外孫此吾綠衣之男凡生長京華晩依女壻于楊州之鹿洞

唐城洪士全十二月初七日

霜後孫枝襲剩芬君曾憐我〻憐君睽楓亭畔同人散獨自遲回帶夕曛有獨子登武科累官至參上武兼年前夭折只有二孫故云

敬次

曾王考所贈懸弧寳帖詩韻并序

此余初度帖也晬盤㩧戲懞然未記而盖自學語來尋常讀誦獨負夢祥之必協及夫稍長而粗知付托教誡之明切慕重思欲萬一奉承者亦兹歲星屢周然到底坎壈落〻無成是將咎於時命乎責以材地也可矣仍念

府君之恩勤閔育不在劬勞下九齡以前造
膝之誨一一銘肺宛如昨日而戊寅夏試以
綴詞即應之曰庭前種木香其葉可題詩叢
中有長莖莖上黃花發此花結為子種之復
如此或有不知者謂言芭蕉葉　府君覽而
大喜曰四十字張本可以剖斷汝一生至有
吾死瞑目之語噫果緣小子之奇釁詩不發
識夢亦秘應也耶中間三十年飄蓬泛梗幾
乎止泊無所亦未知遂初之賦畢依之句竟
能如願而尚幸百劫餘生生到今日此是

府君希望於小子之第一事也其或叟延若
干年則收之桑榆亦有其日乎否吾家壽門
也得姓之初厥惟難詳而十四世以下享六
十有奇者四七旬而上者四八耋且强者三
配位之遐享亦幾如之矧又及見　曾王考
者自　僉樞府君五世相望積累之慶於是
乎可知而顧以蒲柳之質得不甚墜者罔非
府君精誠所感乃若　父行　母列獨靳餘
麻西河一淚雙袖龍鍾天乎天乎亦何理哉
猗吾世德之韜光劃采儘可曰一副當祕諦

而不患學業之不至虛徐漫浪退逐紛華特
是小子椎魯之難追也苟能自悔而知悛則
盍思 府君大耋之年不撤曾傳格致之學
也士君子立身不以窮達槪怗中尾聯出處
前頭必有成之意今始蠡管也云爾

西極星輝萬古明肯分私照錫吾名金晶爲有陽剛
德 夫子當年感夢成
摩挲 遺墨感余生金石奚徒擲有聲一事纔經還
忝訓六旬方盡未揚名趾 先認是言言戒詒後誰
能字字誠百歲在前猶自慰中於出處一應成

睟日四從祖壺山公贈一律族叔穉儒氏繼和俱以人間五福壽為先發首句盖出於慰譬之意余遂率意分題総賦二十五則〻每以此起例賡傚陸士衡百歲歌之清酒將炙奈樂何而白香山何處春深好尤近焉吟弄之頃足以忘懷亦長者賜也

人間五福壽為先慣見村家揭柱聯樂是七情兼首末甘於五味徹中邊清高倘副多生願偲久還隨未盡緣身分其如無足道公非善頌果真憐 右自贈

人間五福壽為先壽世其人最聖賢凡品無非行地

蟻眞機孰有戾天鳶玄龜攸伏青雲霞黃道初開白日懸一理堪疑千載下同聲共涕哭顏淵 右聖賢

人間五福壽爲先所以長生字義仙偷盡蟠桃名是倩採回雲母姓應籤魂歸二曜凋光後身在三皇立極前瑤草琪花秋不老蓬壺何處有閒田 右神仙

人間五福壽爲先閒覺琳宮靜覺禪現出慈悲身百億經來幻劫界三千有時注水盆供石幾日開花手捧蓮梵唄空山如可遇只今心月爲誰圓 右禪教

人間五福壽爲先多甫況眞到白顛筆意昭森高士傳星光的歷少微躔經綸漫是丁年事蹤跡時於夜

市廛餘事隨人觀世變白雲怡悅即吾天 右隱逸

人間五福壽爲先說到名場一黯然太歲應回新數

數主司誰最好官員那知慈竹今緋玉儂謂膏粱即

汞鉛得失從来無早晚王生贈第竟貂蟬 右科第

人間五福壽爲先潭府誰家樹曲旃許大屛藩皆舊

歷如今几杖又新宣卧龍清洛蒼生望獵帍春林紫

塞連老去猶餘民國計中堂華燭悄無眠 右將相

人間五福壽爲先文氣應將地脈延步極者誰非豎

亥窮源於此似張騫精華欲透圓光白雋永同歸衆

玅玄年少無妨来剝啄石門深處即娘嬛 右文章

人間五福壽爲先詩道延年老益堅一泄嘔心非久
計七齡開口豈眞詮悰深好得江山助吟倦猶移雪
月權分付兒孫成短軸岩千黃卷是青氈 右詩家
人間五福壽爲先來自倉皇雨粟年意到龍蛇應活
動字成金石可銘鐫鍾王變化窺千聖唐宋聲名擅
二顚頭禿中書猶自喜玉環飛燕妬嬋妍 右筆家
人間五福壽爲先老畫師今屬鄭虔林之相負時多白
雪明妃嫁日落紅臙聲香可到龍眠筆態色都歸玉
殘箋慘憺經營消半世峩嵋青出病應痊 右畫家
人間五福壽爲先讀到幽詩第一篇柳市槐陰春雨

過杏花菖葉午風牽三農妙解今炎帝八月身閒古
偓佺生老升平無箇事堯田充井好周旋 右農家
人間五福壽爲先肯賣吾家載月船茶竈相隨身更
健桃源毋訪事空傳鷗鷺絲宜添衰鬢蘆荻花應煖
勝錦舉網何須多少問只堪賽得酒胡錢 右漁家
人間五福壽爲先山水相期屋數椽不妨踈攡通麁
眼任敎頹壁上蝸涎長貧未必神心廢前聖猶然手
足胼差喜今年秋有望家僮朝出起菑烟 右安貧
人間五福壽爲先門巷平明集翠軿滿案繁華堆綺
饌哄堂歡笑墜金鈿樓高尚怕緇塵染簾細還嫌膩

燭氈玉匣珠襦還有恨休將膏火自熬煎 右行樂
人間五福壽爲先淡水交情旣溯沿證契誰如高惠
夢知音還有伯牙絃葫蘆得氣淩霜雪蚯蚓蟠身學
蜿蜒回首前遊神叟愴可堪墳草半芊芊 右交遊
人間五福壽爲先閱歷如將匣八埏只可窮途心斷
斷何須幻境淚漣漣三生信否酬前債一事行之蓋
舊愆世故都然歸點化如今曲直孰鉤弦 右閱歷
人間五福壽爲先垂老名區卜海堧結頗經心仍定
計輸材發石又燒瓴居然茅棟從間漢未必鐘彝去
購燕笑道林泉堪入畫晴窓喚起懶黃筌 右卜築

人間五福壽爲先經濟無如種樹編籬外竹孫咸鳳
蓊花傍石子蹩龜跧櫨梨棗栗梅桃杏桑梓槐梧楮
溹梅最是穠華千百本喜看仙李系從璇 右種植
人間五福壽爲先隨意滄浪去扣舷芳草晴川誰閣
筆落霞孤鶩客登筵但令韻士長愁絕猶勝佳人忽
笑嫣爲是金陵風景好當時王謝事東還 右風景
人間五福壽爲先天賦詞家本性偏乍喜還嗔非變
幻如愁似病苦沈纏無端老驥於焉伏何處驚鴻忽
已翩不識箇中真境界傍觀錯道太煩撊 右情根
人間五福壽爲先好是殘年聽杜鵑酒可治聾回舊

社茶方騎火試新泉香花供眼誰檀越水石經心是
輞川報道今朝春有約耙圍前去一節穿 右春
人間五福壽爲先補瀉溫凉計兩全參氣之來開北
牖禾光也泛度南阡中庭露下衣初熨小榻星垂箔
半褰霖後欣然新面目青山一點大如拳 右夏
人間五福壽爲先珍重逢秋不自捐穲稏香隨風信
過芭蕉葉待露華鮮著書人到雲三徑採藥童歸月
一肩睡罷閒吟今夜永泉聲似我獨消〻 右秋
人間五福壽爲先寒暑推移亂自專前路相關多送
別重門深閉底窮研邊聲厭聽胡笳拍暖氣蘇回楚

竹燃鶴氅仙翁偏有感六龍飛轡忍加鞭 右冬

將亂矣聊和原韻以奉諸公

達觀如今莫我先浮生未必感流年吾儕盡是虛徐

老上界猶多寂寞仙本自有形能著地竟應無事不

由天朝來一醉醒還笑東俗公然重醉筵

臘月望即新年立春也朝起口呼

艷翁每喜讀叢來錯道明時滯上才免使家貧應客

滿不干人老又春回空將白髮詩添料猶有紅杭酒

作媒但願餘生身更健琴書花竹好樓臺

趙敬山 憲斗 愚山 憲升 二兄竟負湯餅之約故

戲成長句以示之

盡日思君不見君今冬雨雪太紛〻家人道我生朝返如笑如啼酒氣醺盤飧杭稻擣勝雪座客鄉鄰集如雲綠衣能效齊眉案大肉香油三百斤君家兄弟曾留約此際跫音若可聞松暗池晴生色地謂將一榻淨塵氛（李白有池晴龜出曝松暗鶴飛迴之句故戲以二兄小字隱映挾帶）況我青驢跛蹩甚（且有借騎之約而驢病未践）停雲靄〻大江濆世界由来偏鼓裂相思命駕漫云〻客散庭空是日也公然獨坐抵宵分天性如何多潔病不敢樵牧與爲羣閒来且續西清話老去須移北山文悟契從宜伏龍席

入禪猶未部羶葷朗吟如服清凉散許甬詩神策上
勲牙籖抵死長隨我〻豈前身辟蠹芸回首舊遊今
寂寞藍田誰識李將軍少年風流猶在否夢中時見
石榴裙不獨劉郎萌悔意秋風今亦在河汾六十一
年何樹立人間影事讀皇墳萬念來除還自覺不如
江上去耕耘何意華門圭竇下晴雷楞腹每砎礮良
策平生飽而已要之此外無華芬牛首人身最上聖
吾將默禱心香焚玉食猶從畊壄始黎民況不服菑
勤稼圃而今猶可學年來無恙老皮筋宴安鴆毒非
虛語將茶何妨手足皸博穀聲中時雨過好看榮木

正欣〻傴僂汙邪秋有望披歸襏襫日西曛千年桼
陌連周井上〻膏腴闢八垠擬將此法遍爲知者道
所以一筆覼縷先慇懃姑勿説吾儕餘日樂含哺夫
然後仙李山河民物殷

除夕

緣他一夜只維庚陡覺西星向我明（重理懸弧帖本事）舊客
重來寧記面佳人欲去最關情（自明年始當是舊歷故借此以沘之兼述）
（守歲之懷）更籌奈與青燈盡春草將兼白髮生柏葉清晨
應自愧幾年醒醉苦無成

睉倩偶道他席強韻戲疊四則亦用刻燭之令

閒中思繞故人前泉石雲霞卓世緣分外汪聲晴亦
雨坐来林氣冷如烟詩家笑罵皆因境酒國寒温又
别天從此攀遊方有路定知烟柳碧連年
雙鬓異来秋颯有聲因何枯屐入春明逢人盡道無長
筴並與風情減舊清

楊楸志感

半載經心十日行維楊重到雪花明高盤熡帳知誰
賜老木晴沙尚有情奕世倫綱偏此地今年香火幸
餘生無竆感並無竆望舊僕相看坐五更

上元前夕偶吟

人間惡業是殘經不料星霜墮杳冥頭白英雄空有涙夜灑梵夾照青燈

聞鄭相 元容 卒逝有作

經山元老忽非今追憶前冬哭華陰迄亦無人堪想望會賢坊裏大星沈

趙敬山 憲斗 回甲

細數人間世書生良苦辛呉興病公子閫表醉庚寅誰識茶知己今逢菊誕辰 聖朝何事〻生老八壬申

刺到心肝苦有銛虫聲菊氣不勝尖明朝六甲年籌

盡此夜三丁曉燭拈毛骨來騰皆伯樂年華零落忽
無鹽沿回一棹清樓下魚鳥應知趙孝廉
爲愛君家千里駒嘶風蹀血擬天衢知他種下無凡
骨老馬當年不是駑
驪江流不盡留帶古家聲鬚髮與牙齒幾乎失弟兄
三年豈云久睽戶南極精

允教慶先生回甲

壽長一理試來除高姓知君積慶餘淮水其邊董生
隱桂花何處楊子居神仙不過閒無事基業莫如多
讀書既艾而耆誰所賜雍和純儉若人歟

吾輩相推契悟深江山秀氣入平蕪杯盤任與家人
事孫矣難爲孝子心老復云〻藏櫝玉貧猶否〻滿
籯金諱餘忽及輪回果君亦前年我酒斟
書樓寄在水雲深只博先生續醉吟珠樹聊爲終老
計氷壺端不負初心雖然和氏真知璧已矣長門不
直金九老傳家花甲再更堪悲喜壽樽斟
長橋客中
羣芳應喜入吾詩節候推移雨露滋百歲平分清酒
炙三山將近好風吹淵明枉賦形神影蕭遠何知運
命時若把機心還造化全身只耐做迂癡

題金小棠蘋準指頭書帖

書應至畫肚超拔古人心弗律特外物巧拙徒沈滛

但恨太虛雲無跡可相尋小棠廣其旨居然一節深

紙墨方設色此眞綿裏針豈知倉皇粟能兼呂祖金

送人

夜深人在月明樓他日相思卽舊遊隔岸松杉常帶

雨沿溪禾黍易爲秋書慵教我催歸夢詩瘦知君肋

客愁怊悵離筵留一語前期應有剡中舟

驪駒一曲下書樓分付毫生記舊遊幾日詩緣僧結

夏連宵鄉夢燕辭秋筵前白酒知歡意簾外青山管

別愁連事如今來較藝就中誰是下灘舟

高臥元龍百尺樓從今不復憶前遊支離雨意如三歲容易風光又一秋襟摺勘成經酒困眉痕領得送人愁他時若較相思夢研槧分明等刻舟

京旅和諸生韻

榴花天氣惱愁腸荷錦穿渠只自忙雲意迷茫飛石燕郊光遮斷舞商羊如非惠霈三農洽其柰枯苗十日強入夜丁東堪可聽雨聲何似漏聲長

一雨崇朝掩一暘羣龍報答各奔忙東山章裡俄聞鸛河水堤邊又見羊慰洽三農猶想像滋沾萬井儘

差強吾儕亦爲書程喜爭説庭蕉尺許長

題嘉平主人壁上 族侄禹榮時居於嘉平墓下

如許英靈合有人嘉陵山水正云云黃梅雨裏初到客紅藥欄邊忽見君自謂萍蹤眞素昧何料蘭臭似曾聞囂區鼓角還成趣多頼詞垣迥不羣

詩石座上醉呼 族叔南泉守弘善

萬種塵緣竟罷休息量都是沒因由重簾爲捲須來燕一樹又鳴昨日鳩細雨微風琴響憶閒談冷笑酒痕留歌兒去後懵騰坐傍榻何知白髮愁

代楊牧金雨田 炳愚 和巡使韻 齊陵幸行後

象設依瞻宛記曾和風前導鮮陰凝　聖朝已效尊
殷祀異代寧聞拜漢陵八度頻繁清蹕駐千年冥漠
白雲乘江山不與文人改邦命如今氣數增

奉餞韓侍郎柳坡以副价赴燕 并序

我萬歲　皇爺冊梁有慶克　嗣　徽音寔
環八荒無疆之休也凡受正朔之內外服罔
不奉幣稱賀肆惟　國王事大著誠誕修攸
職前吏部侍郎中書令檢校弘文館副提學
奎章閣直提學柳坡韓公出爲行人司副行
人郎同治十二年三月上旬也于其陪表也

國王送至勤政門上公而下出餞于慕華館
拜揖之數視嵩班稍殺以其與私朝等也最
後焉門生故友咸得飛觴侑詞各叙遠別同
學生尹濟奎亦為之歌曰
東國陪臣厥篚玄朝回皇極　聖恩宣出由五載中
書考去結三生上界緣遼海并燕非別地崤函伊洛
更何天知君壯觀逢堪羨悄坐扶桑曉日邊
六宮思漢練萬國賀周梁絳帕辭光化雲軿入正陽
公時膺使節春日下朝堂士友来相送離歌各侑觴
京旅口號長句

麥寒懶下簾佐酒香蔬醃浮生際七旬辛苦爲誰淹
流光比箭果已矣徹還甜回頭過去日事業惟呻佔
聱牙與佶屈猶將強舌擣尋數兌秦餤慎言非楚鉗
陳言無大小炎〻孰詹〻時平三百年人不學齺鈐
迂儒皆坐贜金口
　鷹所以搶揄鶡終焉上竹鮎
洋船来蔽海變夏心方厭八荒獨一區堂〻義戈銛
髑髏死猶生啾〻化露沾鍾街三尺珉讀本足以籖
倫常界如砥餘外叟夢譫經訓卽茶飯鄒聖况針砭
千載日方中不甬幾危阽寄語縫掖子安心守窗閻
頹將肥與髓煎膠日月粘此道洞窮宙聊以貢眺瞻

我歌〻有思故人隔蒲騷峛崺春山出繚繞春江高
長亭復短亭無計轉輪囷何以慰相思南望首重搔
三閭及文山楚些魂莫逃清晨艸〻奠槐葉作冷餡
爲文酹一觴椒桂釀春醪嗚〻復悒〻但〻重忉〻
心靈爲感蕩竟夕步蘭皐依舊隔千里愁緒助猿猱
欲眠〻不成曉起酌葡萄精神隨杳冥春沙細浪淘
夢君作祠宫而我亦分曹俎幣入太廟纁綵無玄羔
端冕奉犧樽福衡省太牢於焉大樂奏伶官執舞翿
翠管嶰竹斬朱絃甕繭繅星弁左右趨既而響雲璈
悽愴若有聞蕭蒿雜脂膏夢醒心亦醒雙耳况轟嘈

曉星垂空汀〻沙漲一篙時有名山約斷水欲抽刀
共君不可得獨去想空勞前路問海若層溟閱萬艘
縹緲知何處三島駕六鼇泠然七日御不畏涉驚濤
仙都知在此祥飇吹鬓毛嘯咏于其中矚望騁傑驁
樹皮自生發足以當饔糟天吳效盤羞異味卑蟹螯
瓊月出淵宮興酣手欲撈回頭塵世事一生何苦遭
至今圭竇下環堵長蓬蒿窮經易白首金閨屬俊髦
流光本無情胡復膏火熬未遂題柱志十稔鷫鸘袍
胷中血一斛恨亦讀龍韜何不少年日呼鷹臂璇絛
雲岡若平步吾亦盖世豪終古勇士元見義輕秋毫

時也亦命也未必思鬱陶平心省一世祿〻者滔〻
清泉欲晨汲霜花滿桔槔詩云有酒醑真珠滴春槽
千古棘津叟隱屠刀何操

與金思穎 炳冀 三首

天目山前栗里村東風五柳簇成門閑来自著先生
傳文氣仍無畫意存
江城水月嘗無人三載空回寂寞春種杏遺墟堪植
竹風光何處不前因
凡草閒花過眼前尋常任與衆人憐憑欄獨玩干雲
意誰識樟柟始七年

入興仁門志感

多謝春風認我来般紅淺碧一時開無停乞與如舟
舍過盡餘生遂不回

呈表兄春窩越中行後

天教繩肚砦難平聞說山裝向越城宇宙千年應有
色君臣一體砦爲情酒中強笑猶彈淚石上雖題竟
泐名休說金剛饒一路許多遊歷弟先兄

屬韓侄石倉

吾村黃葉足平生悔却年〻客遠城終古人文多失
意何時世事不傷情我將白髮論功利君亦青冥掛

姓名從此琴書猶分外且教樵弟伴漁兄

會崔竹下宅鄭蒼下權霞汀丁海村李小荷共賦

行任無妨一任天重来舊客落花前故人酌酒忽青嶂何處吹簫生紫烟春樹暮雲勞遠夢高山流水憶當年浮生離合都休問況復光陰逝者川

日暮樓臺紅杏雨春深院落綠楊烟塵埃會面如千里江漢携家已十年 聯句

白麓雨中同任戚衡宰及諸少年拈韻共賦

雙鬓憐吾箇〻綠座間少年捴新知經秋藥果投前

症垂老詞鋒減舊時無那雨痕生笠屐況兼霜氣透
簾帷不言之處空增愴江月海雲来去遲任君祖母郎吾表從
姊冨平韓氏而今亾故末句及之
羈窓不關雨絲〻行止優柔郎自知何處精藍先訪
舊昨夜過宿頤堂山房重来残菊已過時論心四座懸秦鏡學
力三餘下董帷白麓洞名堪起敬諸生携手意俱遲
奉東四道跪首京畿趙充植忠清洪鶴周關東李炳學嶺南崔和植
五百年来俗化明青衿濟〻集玉京衆星北拱知誰
使元聖東征致此行人士方堪扶義理皇天尚或鑑
精誠蹣跚躡後緣多病寸丹猶能許共貞

愚生老於塲屋矣每誦太宗皇帝真長策賺得
英雄盡白頭之句令於伏　闇際分韻賦短律
卽亦志感也幸可斤敎否
鴻業基於　太　定　太巍乎蕩也其無外遂將大
畧闢倫綱上下千年誰藻繪
循環一理菀儒宗貽代風雲各帝龍四裔獨推東漸
化武王初載奠箕封
民彝物則降惟皇作者之々道益彰夏誦春絃環八
域星分箕尾煥文章
典墳卯索皇而帝隱現無如時又世廿四種中秘例

高讀然後可明其諦
義理先須辨賢眞車何嘗不轉任輪惟忠與孝當其
用三古轟〻八極赫
大老澄然慮世長勑元輔導闢西洋纔離清淨趨空
寂所以治敵陋漢唐
萬鬣依如聞策〻淵宮得意皆盈尺但愁一夜失神
龍漠〻風沙非窟宅
我不瞞君〻莫嫌墨瀾如海毫空醮君今爲我寫春
秋書以鑑人〻亦鑑
五月行人歸未得琅玕披腹情何極簪紳舊白族集於

斯僉曰嗚乎父母國
脩門城市列羣英陸海奇珍各自名一入波斯如見
採蟜雖折角亦堪榮
趨班敢道氣豪雄聲價寥寥七十翁末至梁園翻悔
偈心期從此死於公
斜陽並與黃金盡老俠當歌清淚霣亂曰不咸山萬
支雲根化玉玉生筍
鬢髮年來嬾太白如何課日金門客愛他新進俊髦
多是相篇中看氣格
壬乙封章許一頭嶠南士氣睽千秋如今又作前茅

進三度頻繁苦不休

次京畿疏首韻仍贈其行

地轉天旋仰　紫宸清朝頼有四名臣運回元和三分局身作江潭一種人罪後　恩光如許大時来志事亦能伸驚濤萬里應珍重未死丹心只自新

與李舒川南永

平生故舊李香林聞說題回漢上襟多少離懷消不得碧雲何處去相尋

伐木丁〻度年華羇窓重見石榴花今宵夢路應相問第六橋頭第二家

爲見女兒往槐山地主林梧墅徽洙曽是素昧

先示一律茲步本韻和之

到来香霧繞村蒸佳木如人自作朋茶氣来春濃似

酒蔬盤課日澹於僧重回異代林和靖誰是當年范

至能偶續西湖聞見録滿胷星斗曉天澄右奉呈

未知相逢去是離浮生到處寄生枝悟迷大抵閑中

見憂樂方能醉後知繁陰正爲鶗鴂返軟草偏於老

犢遲不識頑筋隨意未強言佳日卽前期右自述

又和林梧墅

官閣塵明瑞旭蒸西南筮遇是良朋春殘幾有還鄉

夢衙羅應如退院僧悟契其人多不語逃名於世知
無能知君吏隱真非拙得意猶堪攬轡澄

和朴都正松塢宗永見贈

愜意韶光靄與蒸忘年結社盡高朋書無不照精神
月事每成空氣味僧綠白縈青如許已消紅漲綠竟
誰能推移節物都休戀流時宜人挹晚澄

槐衙共賦

嶺樹湖雲替擁軒知君德政並文言官閒盡篆餘朱
瀝吏退苔堦上綠痕不是留期多韻士更無課日集
名園清緣欲向他生問客處團圓又一樽

與地主羣公共登霽月臺

無限名區不盡樓天公那得障吾遊烟光物外花猶煖節序山中竹已秋上國行人留勝跡西垌亭子對空洲今來好是添新得江草其如日〻愁

和松塢見別韻

春將歸去共憑軒五老連城是五言地主風流朱墨暇夜來星斗碧天痕相逢慣數吾鄉路久客閑尋幾處園衰暮則離真警語劇憐他日對空樽沈約詩有此同衰暮非復別離時之句紫陽夫子亟稱之

餞春聯句

顧我老多思薄言出彼坰朴都正塢宗永 松騷情歸楚晩筆
路窮韓徑李上舍棣琦檝島倦雲何出鴉翻日欲瞑地主林徹洙梧
墅禿樹初分莢枯菱已爛綻扐呼朋仍挈盒選勝早
開扃洪上舍祐燮槐下紉流蘭馥膋佩放玉聲玎松頻忘吾
身老幸逢聖世寧晩晩風休肆力殘雨恐摧馨扐卉
木開新面林皐換舊形槐醉醒歌白石綵管帳紅亭
梧世事棋翻覆詩圍獵稅軨松興闌遊子袂杳歇美
人屛晩鮮贈悲交甫搔爬憶蔡經扐於焉收筆研次
第卧樽瓶槐綠軟輕侵屐紅流亂逐醨梧斜暉愁昧
谷逝水淵清涇松渺々情何極依々夢未醒晩朱陽

郛又郭青帝典兼刑 扐 神女降巫炭明妃辭漢廷 槐
留情堪贈玦愛斷欲斬釘 梧 引挽誰難得斡旋是孰
令 松 松琴徒按譜花鼓暫休筵 晩 甜盡黄蜂蜜労息
緑蟻醽 扐 韶光占灰管淳味慕羨銅 槐 歳月忙於矢
乾坤浮似萍 梧 懐春當節序随我入門庭 松 酔月飛
觴羽踏花撒壯駉 晩 詩僧来水寺歌妓出丞廳 扐 潘
縣常饒笑陸雛不暫停 槐 蒲根簪可盡蕉尾研堪銘
梧 柳縷新牽興鳥音復喚惺 松 依山丹閣出疊石緑
池淳 晩 對客襟如水懐人鬓已星 扐 共抽梁簡白頻
拭阮眸青 槐 日煖魚吹沫雨纖燕刷翎 梧 祗堪随地

樂何羨御風泠 松 筆力如扛鼎酒量欲建瓴 晩 無心
歸別院回首立空汀 玏 節物巧雕鏤藻華隨發鉶 梘
眙蘊同瞰世荏苒惱頹齡 梧 謀醉趺而宕行吟傳且
佇 松 溪聲鳴佩玉禽語碎叢鈴 晩 夢化難爲漆喬遷
等是邪 玏 風斤徒汗漫月燭謾晶熒 梘 境幻憑仙誕
色空悟佛靈 梧 征輪誰淹汭旨酒更崇鈃 松 鶴子依
喬梓梅兄感鶺鴒 晩 竟天都是價滿地不禁零 玏 羲
御儔賓日若英走下溟 梘 燧移曾鑽柳月減後開蓂
梧 玄宰扃璇戶青陽闃盡欞 松 衆勞皆斂跡虛籟自
生聆 晩 轉輾成泡沫回圜類埴型 玏 缺界纔圓月流

光奈迅霆 梧 令人但悵惘何處見娉婷 槐 境虛疇賣鼠物幻欲吟螢 松 遠岫雲光淡空洲水氣腥 晩 晩裝隨雨笠餘趣屬漁笭 扐 渭陌開筵祖越溪失伴洴 槐 贈詞誰倒炙蘸飲眇瀦滎 梧 好女粧休沐真仙珮解玲 松 撈魚歸穴丙剪蓮任園丁 晩 代序非爭觸浮榮可付笭 扐 舊遊移杖屨後會問簪筵 槐 悵送尋芳蝶閑着點水蜓 梧 要之難返服悖若復垂鞋 松 留約溪山在餘音笙鶴聽 晩 素娥窺月殿黃道結雲軿 扐 来去隨鴻燕悲歡寄嬴蠦 槐 山榛云有思終曲溯周伶 梧

槐山歸路鄭竹似鎰庄上共賦

流峙千年與子期中堂日月故遲〻　瑰花動留春
意穲稏苗稀惜時雨與客奔忙悲歲去倩人扶起認
吾衰苦哉病較前年劇火後新茶又一旗

登仙遊峯

垂老登高仗佛因吾前吾後幾千春一生枉有心間
事萬落今爲眼底人石髮蕭森知傲骨松風踈灑惜
労塵峰名秪是騰聲笑公子渾成幻境身
崑山火後玉成灰閬刼猶然萬仞臺謂我能吟真不
俗有誰知畫可同來遊人酒盡終須别啼鳥春歸作

底哀突兀偏宜秋意思重回擬趁菊花開

奉酬豹隱四從叔 達善 見贈韻

窮通不欲問青天掘地人誰更遇泉一念貞堅心是石半生榮顧事如烟伴奴甘與同看鴨種樹曾非為聽蟬黙數親知零落盡惟公素養且高年

問是吾園幾洞天〻公別闢好林泉秋來萬木皆清籟日出羣峰揔紫烟同我鬢絲惟鶴鷺遞人歌響有鶯蟬聰明記舊休須曆再度山中丙子年

又和豹隱叔韻

生来六十八回春去〻其如寂寞濱鏡裏華顛空自

照年厄孔雀證前身
雲遊鷟回洞裏春綠楊生色澗之濵云何薄霰雲俱
集冷暈偏於一葉身

與川寧李生德民
謂世爲李者其人可知已何不致身四素寄趣二樂
居然三代上耶廿八字短唱庶寓箴警云
質厚爲師悟一生浮華奈爾認高明山青水白無消
歇樵弟漁兄點點行

聞少年夜話退和原韻
融雪如何帶煖風鄰園高屐晩相通長瓶共卧燈初

暗崖杵皆鳴月正中此夜歌方聲也歾今年穀是玉

於豊諸君倘記梅花社絳甲仍無丙子同 臘月十九日即坡翁生日近日中國梅花社謂之拜坡日丙子又其回甲故云

鶴城與主倅沈鍾山 英慶 共賦

滄洲遐想現鬚眉官閣相逢不自期既以微風供我腫旋將好月入君詩鶯兒喚友天應曉梅子欺人雨更遲明日𣝒江〻上別文通詞賦續成時

分韻二首

隱侯無恙否暗摸知瘦骨五載長官清幾拄西山笏心香輒有符口碑何須闕詩壇盟主去久矣迷津筏

江炭來相見今宵無際月
茶童挼茶譜一滴及靈泉〻聲入慧竇醒悟〻即天
山中真宰相先我去昇仙寄謝讀書人虛名不直錢
任他少微傷繫星的〻懸

月松亭川獵二首

在處烟光是越溪佳人相勸玉東西滄浪好與白鷗
沐楊柳曾經黃鳥啼多謝林暉迎客晚獨憐山意向
人底觀魚未必鋪重錦汀草分心雨織齊
長洲草色綠連天魚鳥相關亦偶然酒氣通身消碧
痞節心穿炭起螺烟悲歌暮館三千客浪跡名區六

十年如今好做 江湖夢鳧鷗依人一樣眠

楊山途中

百里烟嵐一經穿維楊面目夢依然鳥猶能語春何晩花縱無名目共姸趺坐青山三世佛神遊碧落九分仙中年最有窮泉恨料理今宵又不眠

北渚滯雨寄贈主人金生恴容

村畔東西隔一重人烟幾處路橫縱澗聲過雨仍成瀑山色縈雲不辨峯百果輪回花小刧萬松圍住石常供田園好與青藍近感際君非謝世蹤

與李弁熙榮

憐君小箏叢陽阿百歲歌聲奈樂何祭馬頭娘時正好不龜手藥用偏多看梅處々林和靖接果人々郭橐駝隨器師心如導藪才名從可震洋倭

與李弦韋敏榮元發村世作伴遊甓寺

精藍在處是名山無恙烟霞似我閑遠水蒼茫神馬去叢林宛轉懶翁還空青萬里長如許積翠千年盡此間隨意追遊雖接例存亾舊感奈相關

夏日偶吟

枕下鳴泉落遠巖烟嵐滿壑不能緘近時文體猶金櫃何處村容似石帆晩讀青山全幅畫厭看紅日半

規銜人從本色還成臝消暑無妨脫巾衫

客中春雨

山情水態不厭嬌索米長安豈意料人欲留春忘白
髮花何帶雨惱青腰囊空酒市還嫌近僂凌詩筵未
見招相對秪堪供晤語有身前後一般遑

宗侄始榮同庚詩帖分韻代作

終南闢洞天岩々無凡卉東皇眷言顧同得一春氣
紅白孕桃李黃紫婧姚魏周荷象參差白棠咏薇蒂
不作勞燕飛一任蜂蝶沸天地蓄精英物々昭光衣
目境爲之奢勝似珥戶翡後來好事者所以譜成彙

此之吾輩人不但同氣味同社又同遊耐久斯為貴
添一至道老同庚幸亦既前後誰糠礫清濁非涇渭
既有丹雞誓何必白雲乞芝蘭豈服餌叅臭足醒胃
年〻湯餅會在〻竹筒費娵訾至玄枵回斡五星緯
偲〻各相勉一生存敬畏沈潛濟高明木訥近剛毅
造詣宜述蛾憂虞免集蝟責善雖古道能言戒萬〻
酒後重整裾諸君頷可未

詩石簇叔 弘善 座上諸公共賦

靈性伊來寸〻長極知肩背有神光誰言道力能填
髓儂謂花精也潤腸白髮明於新鏤玉青山濃似甲

煎香千回宛轉休辭憚已是溪翁老更狂

和朴竹尊永善洗劒亭原韻

山童會意掃蒼苔高屐翩然入巷来晚靄縈残新雨

檻餘花落泛故人盃一任半臂舜春去多荷屏顏向

我開偃息只堪添碧痞誰知節物暗中催

又足一則

錯道人寰但俗紛纜心如欲異香聞客歸悄倚書嚴

立春晚閑看嶽色分從事還同前夜夢滿天無定片

時雲深寒且以醇醪遣非久田園碧草薰

兆郭與竹尊又和洗劒亭韻

碧山吟嵓古生苔大唱松間學士来一徑欲沽紅杏
雨百回不斷紫霞杯揔戎城郭頭〻出梵帝樓臺面
面開老夫得閑能幾日雞鍾多事又相催

一武夫火鬱爲祟作四時詞以自寬要余和之

天生曲暢是條風一樹青蒼一樹紅佳節清明名更
好如神知在不言中 右春

熱處閑身易見功一生方便悟空〻連衆到此紗如
薄度外洪爐萬國同 右夏

夕氣輕凉晩氣澄身心到是玉壺氷白雲最是無塵
滓名士相看韻色增 右秋

閉門無復記陰晴惟汝梅窓似我清歲色蒼〻還自
古人間晨夕但鍾聲右冬
北渚記夢
碧山東畔洞天開翁與春風按例回三夜聞香心肺
潤花精夢化美人来
爲題新箋
斷續春風倍黯然相息一夜百花前傾箱毋碧休他
問不及吾家白搨箋
河魚天雁意漫〻欲寄相思錦字安不遣石頭城下
過教君千里遞筒看

挽梅隱族叔

箕城萬戶村一日幾人死〻輒掩蓬科城外有蒿里
慟哉梅隱生無地葬於是本自黃驪人何意渡浿水
偶隨遊宦者托鉢非得已韓公際按節館以門下士
斷絃流晩韻居然作生理錦綉山下屋喤〻聞二子
保抱歸難得天涯奈行李嬉戲荏苒頃不覺已暮齒
邊甬遣無何沈綿知不起七年夫婦情焉用淚相視
先壟在吾鄕宗黨亦於此但使未朽骨歸復隨吾指
吾目始可瞑吾魂亦有恃未忍恝遺托青孀獨摩揣
賣盡身外物零金不盈几靈輀載草〻素轎負其趾

氷雪猶在途二月向南紀何處驪之山行〻歷水市
䰟兮亦隨未獲舊路今何似淺〻天民川果云止否止
祖禰神所依上有塚纍〻合葬禮亦古前婦亦遺從
同閈集如雲齊聲語亦爾行當揀靈辰無俾戒駕儀
婦道不容髮幽明得宗旨一男娃所傳來時托于姊
乳哺戒風寒淹朔可歸矣登車若不顧行邁重靡〻
觀者益咨嗟撡行卓難合骨肉俱在斯跡感即自己
免作他方鬼身命倘有以藏露若平生吉日趁上巳
春風亦有情葉〻皆桑梓惱乎洪均賦不啻邉生被
病不知所裁蘭花遂離披詩聲動南社餘子執鞭弭

下筆作銀鉤雲烟忽滿紙星緯窺大體象棋精小技
高歌醉潑發郢雪非巴俚到處綺羅筵絶倒紅拂妓
風流樂忘歸十稔官樓倚不可咎於時直曰天所使
誰知方寸境清水猶塵滓公歸不復公誰譽亦誰毁
五十八年事天仙一戲耳地下修文郎倘作身後史
遺孫字南極至願家聲侈請鑑扐堂侄朔例五言誄

早春

獨鶴戛空碧如聞遺世音虛張多勝事難遣是凡心
樹暎生初潤溪晴減舊溪氣清身亦淨傍暈映衣襟
流電難回瞥々光古今人事屬蒼茫雲收恰喜多晴

碧宕寒盡何料己艷陽文欲摘奇搜兩漢民如畫俗擬
三皇浮生點數徒增感城市江湖七十霜

春柳

東風搓曳萬千條天性尋常任拂飄惱有行人催酒
令番將佳節讓花朝新絲欲買仍成市舊雨其來已
過橋如許柔姿真絕世當年錯比小蠻腰
舟子 京都五江之勝恰是好詩料而平生無一語今始畧擧竟未免局於題韻又有楊花度一律

海門春信始通潮無數船旗帶雨飄何許老翁茶飯
計隣姑祠畔教吹簫

良苦行舟廿載餘妻兒活計只蝸廬今年貢米三千
石已抵湖南一紙書
明〻風帆入海雲柁檣碇纜事紛〻家人莫謾歸期
問如意江南碧草薰
雞方喔〻雨蕭〻開岸風前綮樸條好與春閨堤上
望漁燈明滅上桅梢

七律三十八首 首〻異趣 一是志感

衰年何事不勝愁少小翩〻劇意遊翰墨尋緣家上
國繁華結習客西州詩情似鳥春無盡夢思如雲凍
亦流竟夕徊徨還竚立書樓初月下簾鉤

休言藻思譪如春終是西崑以後人兩漢摸求誰悟
契三唐影抄不嫌頻濡毫未熟書和俗養研難工墨
半塵舊地癡狂緣底事花前一語入清新
苦調先於未撥絃平心遣病已多年兒時證畫常求
凰春夜聞聲不見鵠池面回波如鮮舞床頭小篆錯
疑煙林泉似許吾將老誰道花光瞥瞥然
春事擔來一是憂句芒未信去封侯何能教汝皆青
眼獨不容吾更黑頭地上白氈勤鋪設天生碧玉巧
雕鏤佳人亦足韶光比只欠靈和對莫愁 春柳
遊伴思追去後蹤昏鐘迨遞抵晨鐘離情強似春心

蕩醉態爭如雨意濃郎事挑燈閒杜宇何時繞漱出
芙蓉蓬壺一望無尋處甚奈歸雲又萬重
盡日簾纖客不来東君消息殷春雷樓頭好取鵲兒
醉江上重吟燕子迴三抱玉歸憐我老八乂手詭許
君才兩窓忽覺相思夢心與書燈寸〻灰（時朴上舍允時滯雨）

池堂

叢桂山前一草堂簷頭春日漸看長牽烏犢去吾村
女騎白衛過何處郎林靜幽禽皆自語庭溪凡草亦
能香此間惟有閒翁在到底如癡到底狂
雨裡生涯也最難心如老衲不勝殘新花稍帶娟〻

淨舊葉初辭搣〻乾野逕冲泥嫵屐重春江觀漲覺
衣寒雲消霧羅開真面惟有烏山不猒着
到底關心昨夜風櫻桃數樹小樓東休言野逕橫縱
去只許鄰園曲折通一事人間浮大白五更窓下守
殘紅惜春賦裡空回首不識餘生亦轉蓬
一曲晴川抱我樓終朝眺賞但空洲誰云此世無真
趣翁亦中身或遠遊平地康莊猶折屐瞿塘灩澦耐
行舟何年古寺屛間畫記得觀音笑未休 楊根斜川寺有觀音
露齒像僧言吳道子畫故諦視之軸下有款識
一病支離洞裏霞頤從茗霅借浮家林睴豈謂春無

跕汀草方知水有涯昨夜沙明藏宿鷺今朝雲暗失
歸鴉蘧然午夢超三昧欵乃聲中起浪花
前川過雨日平西橋影翻成飲澗霓羊固已亡長挟
策兎雖未得欲忘蹄畫中人似曾相識水底天猶不
可梯料理魚標漂去畫漁翁何意屐衝泥
仇舊脩林宿霧籠愁聞野老怨乖龍闋心麥氣緘泥
困餘事花香浥露濃徃歲豚蹄虛負祝前春杏駱不
盈鍾端知旱潦皆痒𥟖坐對簷間隱碧峯春雨成霖故有作而
徃年大浸以旱末句及之
定知春物屬華滋碧雨初收白日遲風細玉幢含柳

絮煙銷金鴨展茶旗新花與月同鶴約寒食於人正
副時欲向南山尋舊跡綺黃去後但靈芝
一舉飛騰食萬鍾書生得意即夔龍宮庭曉日花爭
發御路春風柳正濃別是隆褒宣紫誥況無新賜降
黃封騶徒咽衙衙初赴又趁朝班入九重
生貴由来擅粉侯長時綠竹閙高樓班趨鵷鷺聯三
少冠戴貂蟬許一頭定識人間新駙馬若論天上是
牽牛風流獨占升平世花鳥知心不敢愁
上清仙子惱分攜曾向塵間即墮迷祗許良宵看玉
兎不知何日囀金雞一生消受惟濃墨半段推排即

醉泥宿債尋常驚曉夢無央宮殿碧玻瓈
人事由来苦不同攝提何世又連通誰傳暘谷蹊三
足未信瑤池御八風一碧無涯終浩渺圓蒼所界但
虛空中間作者徒紛聒層疊荒唐幾話叢
我讀吾詩耐可聞信心行坐抵宵分山家最好星芒
倒華屋誰誇燭燄熏蝶翅去添金母粉花香來作石
塘雲東皇解惜詞臣冷時遣仙娥織五紋
意緒非關觸物新且將俳語屬閒身雌蜺有別應求
配雄雉何官也結綸根末鄒枚同賦雪感他張陸獨
稱尊知音爲是天涯去擬作郵筒寄遠人

漫量閒思入端居生計春来覺漸疎方岳擬追新擔
扃嫏嬛應有未藏書詩人志潔言無雜遊子神清境
亦虛川客隔灘何所語漁罾初試旖旎魚
鳩杖閒投鶴去林身非屈子底行吟愁中對局寧求
勝病後當樽却厭溪種菜人家恒欲雨養花天氣每
多陰重裘脫却還無計課日東風冷不禁
曾向緱山頂上行只今何處教吹笙三清若得延年
術一擧都忘去國情草昧英雄勞戰鬭中興輔佐老
經營雖令有鶴誰能駕堪笑梨園按舊聲
休遣巫咸降帝閽蒼茫萬古各幽究杜鵑不去春宵

短精衛難歸碧海飜地老天荒無盡淚山枯石爛未
消魂欲知此恨重〻處纔出城闉又郭門
曉夢家鄉晩寄書遠追萬舶過扶胥離懷欲贈題斑
竹香物思貽攀揭車病桃藴回猶自在貧厨生理近
何如閨人且莫歸期問芳州經春又歲餘
山靄林霏望欲空書樓浮在澗聲中柳塘種稻餘三
畝竹砌移花又一叢縱謂蕭殘惟夕照若論全盛最
東風開窓好閱遊人過應有悲歡自不同
碧桃紅杏繞簷墻剛怕春寒曉有霜酒熟之時方見
客山明何處不宜堂書童素睽猶知拜村女長貧肯

試粧卽事江鄉聊自慰魚笛水發送漁郎
閑来散步小樓邉隱現波光柳外川隔樹幽禽渾辯
藪縁堤芳艸是歌遊萍如倒換應為紫蝶亦輪回耐
化錢康濟吾人還不得無知春物只嬋娟
諸君試聽老人歌頭上儒冠奈自峩美玉吹簫秦樹
遠湘靈鼓瑟楚山多無端落月窺還住底事鳴波咽
不過始識希音非別觧鍾期到此末如何
山童蘆葉強名笙牛背青山返景明任汝網虫垂戶
織爲誰仙鼠繞簷驚梳月亂髮摩挲潤汲月飛泉抖
擻清自是田家無外事長鑱短檝獨閒情

紅日飛騰失樹梢盡情江榭倚虛郊天涯送客心常
結人境逢春首更翹雨後繁花猶覺艶風前弱柳不
勝嬌地無厚薄同沾潤長遣蘭蓀雜艾蕭
多謝春光遂我廻滿山風雨莫相催纔看薊北寒梅
返誰踏江南碧草來節物關情仍秉燭人生快意且
銜盃行藏未足論時命錯道如今滯上才
初如挽住復如催春色難於遠客廻楊柳風微黃鳥
語桃花水暖白魚來酒痕淡蕩欹烏帽筆意玲瓏漲
麝媒人物中間俱有感誰能用盡禀天才
烏山揷到碧天中秀出西南一二峯伊昔精藍多白

衲衹今空翠但青松尋盟古渚隨羣鷺拖膝晴窓憩
卧龍勝賞誰知銀瀑在遊人来似躡仙蹤童年讀書于烏甲山

石泉庵
庵今毁

杖策間尋谷裏蘭千年待鶴古松盤樓船不返童應
老仙掌猶存露已乾絶倒淮南空堕鼠蒼茫雲外孰
驂鸞三山自是人難到衹信東南碧海寬

春風導我擲節枝樂意前村颭酒旗山欲偏明花正
好池何稍暖日初遲緇塵到老猶相汎素契雖貧故
不移子夜餘醺添卯困除非詩事孰為期

吾人業障是東州每一鄉居萬念休取次朋樽成浩

刼若干甑石唱餘籌清詖付與羊公鶴華佩歸來渤海牛畢竟来除無得失只堪自笑未堪愁

餘生聊復寄江干瘦骨那堪水氣寒永日孤眠沙上鷺閒時自照鏡中鸞步香始可詩腸拄冷睡非關佛眼着豈謂山厨無别味銀絲碧澗遍登盤

七律二十二首 次杜牧之

日晩林霏覺漸銷蜂衙初散雉媒驕池邊送客收残局野外尋春過别橋花未香濃雨先打鳥纔棲定風又摧支離一刼淄淄是是處誰能免寂寥

誰復襟期似我疎終難混跡野人居詩情酒氣春先

得水態山容畫不如繞宅翁聲茶熟後隔簾花韻夢醒初漁師未到田翁過獨曬殘篇落蠹魚

天時人事不相饒我獨先秋鬢髮蕭江日如烘春網曬溪煙忽漲野田燒只應燕語悲王謝從亦花權擅魏姚橋老鬲翁歸去畫枯棋久未此中消

春山如髻草如裙花摘三分菜二分村女豈知江有池官娥也學雨爲雲鼠姑相戲林添籟鳩婦〻猜澗

欲睡忽憶浿江〻月夕悲歌齊唱不堪聞

幽翁相逐不禁飛〻少人家在翠微自有琴書君共住除非泉石我誰歸嬌花縱謝猶芳艸曉雨纔收又

睌睴偶讀樊川詩上語牛山何必淚沾衣
誰道紛華轉眄空迷塵浩劫也相同水從雨後如天
上山向花前似鏡中勝處何人非別客醉時無日不
春風衰年但願身强健家在蓬壺碧海東
語〻還留念〻行風顛也似若為情書亡文亦多藏
壁詩逸音何巧叶笙讀畫貴能如有字聞韶未必勝
無聲余生只愧寥〻甚萬彙誰從各得名
一生榮辱任天公消盡年光歡咏中幾度秋風悲宋
玉㮣今春草惱文通鴛鴦綳出金針在蝴蝶飛回午
夢空楊柳前頭偏有感靈和殿是細腰宮

山家熱鬧百花開始識蜂聲聚亦雷寧作有情癡老
掾難為無量壽如來歌音欲按須檀板畫意相看畫
襪材惆悵留春〻可奈一番風雨綉成堆
十井村扉八面山萬千紅紫自相環不因酒力家〻
醉各以春心事〻閒慕古人應行古道讀君詩若對
君顔逍遥杖屨成追憶魂斷青牛紫氣關 臨淵海谷 二李丈山
庄春賞甚佳 而今作千古
今年花又舊枝開底意鳴泉繞砌哀只爲芳香留不
住其於節物去還來正看戲蝶都無減且問遊人幾
箇還應識衰翁慵未起柴門寂掩長莓苔

夙昔相携度棧危水窮雲起故遲〻月明飛錫看花
伴烟斷行厨送酒時樹際迷藏鶯喚友嵓間跳戲鹿
留兒同人歷數凋零盡回首那堪後死悲
庭樹翻飜拂曙鵓連空麥氣幾人家黃鶯好趁初舒
柳紫蝶忙追未落花正愛新波堪洗馬不妨溪巷足
容車傳消遞息還添惱爲有門前一路斜
過墻村酒滌塵腸好是山家一事強韓子送歸盤谷
李裴生酬和輞川王花光半與晴窓曙石氣全輸雨
榻涼藥塢疏畦餘隙地兒孫經濟數株桑
蒼茫今古斯何世一笑金罍酌我姑戚蹟宜求千載

徃高才當得幾人無輸嬴未定三分局興替同然七
尺軀若把邊憂推勝筭衰翁猶可荷戈殳
逢望五江雲水外虛舟欲發畏風濤縱然野老思芹
曝久矣京華覲翊旋正想金門通御柳如聞樂府獻
蟠桃洛陽才子多相識應謂先生一卧高梨院十二部一是獻

蟠桃

怊悵今宵春色盡年年此恨奈三生初心福地携家
室別緒殊方隔弟兄流水行雲同欲冷落花飛絮本
然輕殘燈守歲曾何意夕鳥含情又一聲
憐吾無力駐年光枉道如今樂未央水與南行應夢

澤雲俱西去郎河湟鵝家春色疑翩蝶芳草長蓏任
藉狼病骨逢秋慵更甚應将黃葉屬張王
紫鷰来春取次來連雲高處幾樓臺萬千綺户誰相
阻十二珠簾爲汝開小屋緣江和雨在殘翎趁社逐
風廻喃喃好伴遲遲日似解翁心未死灰
九旬一變天晴可底事春歸最黯然檀杏園桃紅已
褪溪苔汀草碧相連同鵝鋸木分袂馬遠浦鳴櫛聽
鈞舡自是繁華人所好翁今迎送況殘年 三月晦日
賞詩曾未策元功身命虛抛笑罵中舊契誰方懷北
極 （新得鄭雨田文川匪所書） 昔年吾亦對南宮寓言都付蕉蔵鹿

當局無須繳射鴻只是人〻隨氣轉寧知橐鑰自生
風

落花

来是無干去自由餘痕猶在日斜樓輕姿縱未強當
任香性還應死便休乍拂空茵如有得旋添飛絮欲
相求偬揚但使雲俱舉勝似寒釭照弱侯

月夜 七律十九首次許渾

雲無點綴杳難窮一兩前宵洗碧空織女機頭雲漢
影吳剛斧外桂花風飛昇縱未歸天上生老猶堪在
鏡中之識光明吾所有奉身相待小樓東

村人射虎

空外歡聲響碧峯丁男獵虎好相逢失身衛霍威何恃得意穿楊技亦濃笑爾全迂如射雀憐吾舊學是屠龍定知馮婦真堪戒再徃春林問幾重

漁舟

楊柳風微颺釣絲波間石子小如棋回灣解纜還疑任急瀨收竿每恐遲片〻蒸霞紅躑躅聲〻搖月碧參差虔誠且爲終年計晴曉漁人集水祠

殿春

殘花剩絮不禁飛盡日便風故點衣信義鳥隨翁且

任炎凉蝶與客還稀傷心流水歲同去瞥眼明年春
又歸入夏消閒從亦可穿林寧惱濕霏微

田園閒居

晚向田園賦遂初閒房十笏做禪居獨携荷葉斟仙
酒強覓烏絲寫道書曉旭翻紅窓眼慧晴溪影碧柳
眉踈佛頭山色三時供只欠虛簷響木魚

草堂遣興

江樓野寺列東西真夢吾鄉路不迷水麝烟於芳艸
歇碧螺鬟與淡雲低漁郎晝楫聯燈樹遊子春衫學
稻畦中有狂夫今老大天民川是浣紗溪

初夏

芳草連天錦帳開清泉一掬勝銜盃穉鶯恰々谷中
出乳燕翩々江上來浮隴新烟和宿霧緣溪白石半
蒼苔終朝自喜無塵事且共漁人帶月迴

有感

和雨和風種々新知他物亦感前塵遠遊多識殊方
俗久別如思異代人紅酒多添着綠字白頭相對說
青春一生須用迷還甚始覺清高到老貧

憶韓從兄

隔歲思君不見君更堪垂老各離羣啼鵠有根花千

片眠鷺有情月二分豈但年光同逝水畫將人事屬浮雲偲〻最是存亡感逢處悲辭怕或聞

偶吟

捱遣殘年也最難好生將息一身安漁人夢裡紅千樹坡老留中綠萬竿絶磴臨江偏黑窈孤亭得月倍蒼寒頂天不妨光〻白塵壁空懸舊戴冠

昷山諸益委訪夜話

涔寂年華筆硯間翩〻遠客忽蒼顏情溪剡路初傾蓋話到田文已出關列峀開雲方直顚〻枯池過雨亦潺〻前遊歷數身千里怊悵金剛夢外山

憶舊遊

停盃吾欲問靑天多少閑忙未百年箇處重遊名亦
記其人不見事空傳輪回豈必三生止世界應同萬
刧前昨夜公然成遠夢起來還是舊山川

田家雜興

老去何須羡珥貂其人鬚髮亦飄蕭纔着石室忽〻
局忽遇胡麻泛〻瓢僮僕課農慵轉甚兒孫貢擧望
還遥窓間睡起如相待峒容溪翁未見招

邦慶志喜

紅玉盤擎紫蒂桃千官鵠立絳紗袍幸際東方休運

啓欣瞻南極瑞輝高朝元鶴駕春初暢蹴洑銀潢水
更淊又是雲宮云飾喜頻繁呦鹿食芩蒿

步溪

前溪行坐棟晴沙堤下風舒水熨羅光鷺雎盱跑亂
石雛鳬唼喋隱清波漁罾曬岸輕嵐滴樵唱緣沙落
照多幻理令人癡想起時〻擬夢倚南柯

村居

漁凡樵弟集圜沙紅鯽初登白酒賖涼似林霏知石
氣輕於柳絮惜松花挑回市色無多旅標建烟光有
幾家寂角人從窓下坐舌耕心織亦生涯

千峯萬壑一茅堂磴路迢回草樹荒在處佃漁從古樂終身畊鑿爲誰忙長隨雲是多情物不種花猶盡意香挹入山翁閒俯仰端知世界本青蒼

望月

來如多緒又多情照處誰非不夜城童稚呼盤看有影仙娥疑鏡敲無聲和光分耀三千界碾碧磨空九萬程歌哭悲歡皆此際人人錯道爲儂明

幽鳥

幽鳥相隨懶出林有時飛唳下庭心春光爲爾來無盡天性如吾恐不深百囀含愁惟落日九旬行樂是

濃陰鵓聲卜夜應嬿短花上啼痕恐去尋

田園即事 和許渾二十首既避一韻再疊和唐人各韻即東咸錄此例也

比隣相扣無消息櫞却松靡鏽竹窓意必春来明雨
岸不然時去釣烟江眠㹀鷺起寥〻一巢燕翔回的
〻雙獨飲其如還淡趣今朝孤負綠盈缸 和老杜

晩計逍遥却自娱東南山水遠城都三峯乞與先生
華一曲分留少監湖柳絮顚狂歸放浪桃花妙悟入
空無於焉了却芳春事博得吾園鎖綠蕪 和香山

只將蒼翠繞虛齋眺望超然日夕佳鳩夢還如三昧
入鶯啼甘與八音諧松雲冪峀烏紗幘汀草縁沙碧

玉階生老其間人不俗仙方擬學鍊形骸　拈韻

屋角斜陽不肯昏一天如水碧無痕留烟似燒沙頭店麥浪全沉岸上村樹有南柯難寄夢人非泉玉亂招魂牛毛事已龜毛盡成趣猶堪日涉園　和韓渥

村溪碧樹映黃茅翁有孤庵瀕遠郊母雀閒窺紅米臼雛雞瞵坐綠櫻梢南綠擬買初中草兆菜思移大小巢老矣心籌無所試若干經濟被人嘲　和老杜

睡覺紅暾正浴溟幡然却杷欲通靈年光只使人頭白世態誰能佛眼青烟縷橫空風斷窗落錢滿地雨初經多生富貴非吾願曠達相期淂寧馨　和劉夢得

農丈星高已薦氷袂針兩足驗豐徵當歿悔失看花
伴對食嫌無賣菜僧客趁溪橋尋社釀人歸野碓借
漁燈只今村俗真堪畫誰識吾鄉是武陵 和鄭谷
風柳鬖髿草蔚藍青溪轉處睽成潭標題竹詆書樓
上移植琴材藥塢南俗俚難分魚與肉村童錯認柿
爲柑穿於丿丶人奚取屋但三椽恰是庵八 和韋莊陽経左
丿右丶爲人音蔑佛
座上高朋盡孝廉殘盃冷炙且相淹身爲天竺無量
壽笠過乾元勿用潛夏亦春衫宜瘦骨睛猶宿雨滴
虛簷蔬盤口淡真難遣斷自明年業敗塩 和青蓮

一片頑然歸赤嵓沙中凸起却巉〻春晴露趾疑高
屋夏漲藏頭閱峭帆灝氣空爲蒼蘚蝕奇文時以白
雲緘詩人每到欣忘返拂拭還同倚枕函 和溫庭筠岩在天民川中距家十弓許吾宗世〻登眺處也

次朴上舍允時見贈韻

清寒不死到如今儂是西湖處士林容亦知夫談眉
玉樹猶如此麴塵金燈溟一派空添夢酒過三巡已
上心霢霂連朝迷障甚隔花人在各閑吟

種草綿 江城君文益浙得綿種於交趾其子文英文美傳世樹藝云

除是来麻品絶奇男畊女織兩相宜江城世德青藍

得南國秋光白氎𣯍高昌國有草實織年名白氎子花後匀圓桃顆熟霜前齊綻栗房垂扈迣三事堪居二衣僂吾東億萬斯

讀地毬圖

射利舟車視本原西方稽首即軒轅杜詩去稽首燧人氏此去黃帝始作舟車千秋皓月無雲夜四海青燈隔水村瘴霧連天曾退步洋舶南至龍海觸瘴霧不能曾過云礁端撲地正銷魂海淺多不謂之閼礁洋人行舡遇之則最畏云坤輿只亦宗羲畫坤輿圖洋人艾儒畧所製象數還應仗世尊象數學本出於佛而洋人所著曆象數理即其餘也二極堅氷偏不妥南北氷海之說始出於米利堅人雅裨理其言似極有理七洲神雀昔相

煩洋船南至七洲洋遇沙海不能過輒有神雀前導金生粟死真堪戒管子云金生於我則粟生於彼粟死於我則金死於彼洋人專以貿遷爲利故云祆音眩術難回我俗敎

五律十三首

寒威猶叶夜風色又今朝山日生微煖溪氷覺暗銷

酒方名士飲髮豈貴人饒菜甲應全圻時聞女伴招

省雲杖藜意吾老未全衰暗理青山屐閒尋白月碑

我東金生筆有白月寺碑今晨多鳥語何夜減猿悲表聖詩有夜短猿悲減之句

兩岸聞香杜江兒讀楚之辭

野曠宜春望全形一笠天雲消呈遠樹氷泮漾虛船

農務皆前證村容似去年何時楓岳路鞭末紫生烟

閑翁棲息地雲榻淨纖塵睡罷還如夢詩成若有神

草光迎好客山意愜幽人點檢回頭笑平生懶是真

古今浮休夢江山寄一瓢沙明人亦好雲晴月無憀
史可三冬足棋難一路饒稍知厨下政詩伴懶招邀
出門無箇事塵壁掛寒衣身非羣蟄振心與片雲飛
峒客尋詩慣溪僧乞畫稀舊屋依山在松老助風威
黃驪佳麗地士女最聲名水榭羣仙集風帆活畫成
幽蘭從古在芳杜爲誰生晩有尋真約春風我亦行
放閤梅抽蘂風光亦我欺花殘情轉勝楂老格還卑
篠下寧須飮松間不必棋南陽留舊契回首日遲〻
安分身無累平生自牧卑心閑春更健事簡日俱遲
鸚鵡慈過隴鷦鷯喜托枝晴窓入文許千載與誰期

歷年何許積多少簡編中名士唐宗穀英才漢祖籠
雁鶩千磧月鵰落九河風世道無私遲尊補始惬公
閱歷真乖道閑来愴舊遊推移梅正閏顛倒竹方秋
漁唱千雲斷斧聲與谷幽百年酬未得詩債漫相留
古今閒俯仰長歎倚蘧廬落〻悲桐爨滔〻歎鋏魚
凡心猶澹蕩本色翔透踈朓脆吾何病無妨屈折書
多生具㚖眼樹石吾誰親世〻来還去年〻故又新
樽溪無惡客棋暖屬閒人落逕纔容屐千回不厭頻

硯北七絕五十七首

詞家結習愛新春應為春来物〻新容色衣巾皆慣

眼客来猶是去年人
十數年來白髮生如今羸得雪千莖淵明自輓還多
事誰識重泉去後情
屋角星垂人散後床頭書罷雨昏時無情有緒還如
睡已就胷中一句詩
閒愁萬種撥應開閙畧春風入酒盃昨夜分明多好
夢詩人果與月同来
生来骯髒被人憎隨事脂韋苦未能對客無言還生
睡前身定是入禪僧
梅花已覺春光泄柏葉還教酒氣濃意者天公生悵

惆故留氷雪補餘冬
籬落相聯一二家前年種杏共看花同鄰老去情逾
容約趁清明釀紫霞
花事元來屬醉人西家亭子已先春〻寒好是清人
骨卸却緜裘浣細塵
物色田村事〻同全家老少盡常空吾人獨有閒經
濟花竹分排綠畦紅
春雲黑處暗陂塘菱芡微青楊柳黃物〻山家宜色
相紅樽開後素琴張
人於節物最關情得意春禽鬧似爭不但花翁儂亦

拜空山昨夜杜鵑聲
暇日芸窓譜衆芳ゝ名地老又天荒若論品格誰相
似雪比輕明月比凉
若干聲望被誰欺前輩愛儂ゝ不知品石亭丁酉山書屋
中春月夕溪藤影抄下江詩
中年書劒苦棲ゝ破屋東城意轉迷誰識空山風雨
夜前塵驚夢恨晨雞
老去身心不自指除非林壑亂相憐年ゝ教我無閒
暇三月聞鶯七月蟬
每從閒處首重回只博高人酒一盃未必經時生悵

望於馬春去又春来
春寒紅綠懶成林只幸衰顏酒氣侵生老從他如笑
罵隨機想像古人心
終歲優遊晝日間知心知面是青山若教獨享還無
味剩碧餘紅映客顏
鼓氣還如粥飯僧端居敵恨我無朋新詩只似葫蘆
畫隨分寒宵一派燈
頻年洋船鬧黏禪江華古号巡撫營高列口天至竟漢師
通狹野日本始祖神武天皇之名無人先着祖生鞭列口一名列陽亦云江華而余去列是洌字之訛而水北曰陽則明是通津也丙寅洋擾開巡撫營于通津爲足山城

濃雲批抹碧天虛搨得何人水墨圖暑月青林多白
鳥預須料理絳紗幮
獨坐空齋人老大青山影子碧溪聲無干有係今何
世一霎輪回萬古情
詩債相關且暫留此身前後幾千秋如今海已生塵
否屋裡麻姑籙未修
愛他拳石亦堪臺應為登臨景物催不種自榮臺畔
榭上枝初見一花開
驀地空庭滿眼花盤無兼味飯成沙緣詩悟道人誰
識適老適貧是大家

晴窓鳥語日爭妍午夢依微阿那邊記得水仙花正
好一盃金盞勝金錢
談叢多是續齊諧花謎如猜竹謎乖怊悵陽臺常日
夢只今猶憶顫金釵
喬木深村白日閑老人高屐出松關鬚鬢着冷似無量
佛四十年光是雪山
數聲雞犬入桑麻此似仙人五百家時有山童来供
課二分松石一分花
山居事〻淡於僧只幸畬田歲比登滿案書香飢不
救餘生那免老農憎

羸病誰嘲沈隱侯蕭梁人代最風流三唐一轍詩爲癖甚矣花翁死不休
山中曆日清明節五日春陰十日風蟄振還坏憐我病好來紅友策元功
少室山人今已去高陽耆舊亦無多百年天地誰相憶薄醉呼燈發浩歌
論文何必問榮枯意氣相加即丈夫第向人山人海去此中難道一人無
逢人盡道好披襟自我難知自我心終古迂儒閒說話千間廣厦九州衾

漁家

漁舟唱晚滿江紅沙島回翔曲未終二月氷開魚不
食斜陽獨立釣絲風
家在西泠又轉西艙頭月抹又風批白頭翁媪聰明
短酒債皆於壁面題
桃花源裏人誰到避世秦民不足誇仙李江山若雪
好斜風細雨有浮家
南船西舫太紛〻朝發臺灣暮廈門豈若一絲烟雨
裡老年餘趣寓真存
春風漁笛和漁歌畫裡江山設色多若道無聲真下

劣升平日月孰為魔

拂曙鳴榔去矣潮歸來魚貫綠楊條沙頭煖酒招同
伴此日風情免寂寥

春日雖長亦已西溪山磔〻水禽啼扁舟好載漁人
夢不向桃源路又迷

野樵春水暎柴門魚鳥忘機却羨君一椀淡茶相勸
處菱歌最好夕陽聞

江南野水天俱碧鳧鷗誰言似我閒盡日徘徊勞飲
啄夕陽高擧割青山

飛僊

天孫織罷曉光微分與雲章手自揮若使君平知此意應將錦石更支機

嫏嬛別闢洞中天白首張生最少年我亦繙書無外事何人送助買山錢伊世珍嫏嬛記載張華尋真事

夏溲王兒隱紅墻正值雲英罷晩粧何事裴郎慵不起胡麻飯熟閉閒坊

蔣童仙去曾何歲恰討冥靈末一春南望洞天如可遇人知乞丐是前身野史中廟朝有蔣都令尸解之說一蔭官逢於智異山中云

霓裳一套着来新正想琪花處〻春屋角文昌近聞文昌星君有降乩之說光欲曙阿誰去問柳真人柳真人亦在其中云

上清聲價擅新塲飄盡瓊華滿地霜欲向飛吟亭畔
任金丹一粒呂純陽

楊柳枝

青帝初回彩仗移從黃得綠亦多時腰肢解舞嬌無
力錯道仙家卓羽旗
少年張緖不須誇已識君門有白花此地風流商畧
盡畫橋南畔二三家
少婦登樓正捲簾秦京綠樹暗崤函春光自是千人
甚曾爲王孫試染衫
萬〻條能一〻飄春風偏似在河橋年〻折盡還如

古嬴得行人首漫翹
韶光先度一枝〻良旹年〻畫入詩〻人也復傷情
久長見條風颺硯旗
漫天輕絮學誰飛道是春歸〻未歸遮莫陽關重按
拍長條猶得掛斜暉
何限前塵堪墮淚人間不獨峴山碑來〻去〻橋頭
店今古春愁上柳眉

早春志感

擬將餘景寄新詩神爽無須問盛衰客日經時猶不
悔少年行樂更何疑恐飢讀畫三分飽垂老填詞太

半悲拓户着山〻斷續此中多障是踈籬
閑身摧住頼無能階限將窮更一層凡事多忘真勝
筭不言相對是良朋長逶坦易皆神駿豊草凋枯有
支鷹太上宜求形色外非寒似怯日淩兢
分我稗柳繞迴塘春力渾如已寸長一犢慈寒眠敗
草羣鳩好潔曬殘陽賔朋迭代多新語節物推移似
異鄉懶散吾知醫不得何人肘後有良方
吾鄉冠帶界青河自幸生來免荷戈地煖氷霜辭我
早郊平星月照人多課花合譜心猶細詠友成章淚
半和投老消閒文字是阿誰能飲又能歌

支離久客〻王京只博塵襟閱世情愧市人烟許酒
味杏花天氣賣餳聲心胷大抵吾無隱眉睫夫何子
不平出鄙憣然成一笑孤舟惟信道歸程
羨他田父引雛行一日穿渠一日畊休道客来當客
去且看春雨較春晴事機未必看容易福相誰如老
太平寄語人間書種子人〻朝死夕無名
逶遲一路埭東西社飲歸来醉不迷草色迎春征馬
吃川光入晝暖禽啼異鄉何處足魚蟹古壘曾經多
鼓鼙簦笠家〻紅女出前村知有浣紗溪
床頭畧有古人書天地寬〻一草廬山石微溫菭逕

合海雲猶凍雁行踈紅尊預待省花伴白髮偏驚覽鏡初近事吾東堪太息材官學造水行車洋人火輪船即是水行車我東巧匠近始學造小舟而大者財竭不能生意云夕荷賓朋不意臨椒花餘瀝且同斟飆風畫裡修殘𨽻春服章中起亂砧雞犬人家闕氣數龍蛇文字悟機心韶暉句引忘吾老黃柳成蹊拍髀吟久矣吾儕善諱窮盗鈴掩耳詡相同鴟来鷗去空明外松韻泉聲寂感中白酒無人悲杜老青山有地葬梁鴻升沉一理皆天使誰識如今自在翁盧顏無賴荨落岑色相趨然話轉澀今夜行將夕白

月前溪未幾又青林老而益邁真仙骨負不能移是
佛心積雪從何消去盡數峯青翠數峯陰
鴝鵒羣飛片〻明感他親近許心輕江湖在此君休
去風雨如斯我豈行飲啄無宜觀晩漲吹彈擬欲賽
新晴機雖已忘情還愜身後應傳侮受名

驪江憶舊

回首當年不識愁書船終日溯芳洲鶯聲了慧環仙
寢龍氣蜿蜒繞寺樓美酒千鍾醒半醉清風一席夏
疑秋無情最是江南水今古蒼茫只自流二陵主山曰鸞峯覺寺下有九龍潭故樓亦以九龍名

京城

詩人一隊集西清昭代春光接禁城山憶匡廬營小籌齋名畫舫悟浮生癯容老盡天涯外羇夢驚回海肯畊相約拂音必雲臺上望萬家烟樹妬花明壬寅春巡城韓柳坡雲圖趙節亭金石山李海蓮作伴拂雲臺即其歷路最勝之處

月令初回瓱始華人〻巾屨在明霞城東人看花食宗之好箇生涯此其逼境語也

東鄰流水環西舍百畝清陰蔭一家穠影調歸天廐馬司僕調馬於東教場〻簫聲翔下禁城鴉各營吹手月三習於此畫角一名太平簫

鬻駞生理今春雨幾本新梅接古査士人亦有接梅資生者

東城風雨晝冥冥松葉無聲落滿庭（辛亥冬僑居京城東賴眉亭下中間閱歷甚辛此其言外之大槩也）時有枯禪携薄酒將如破屋漏寒星張皇殿策三千字（哲宗壬戌對三政策）迢遞鄉程二百零咫尺繁華何足說笙歌多在映楓亭（益豐洪國舅亭名而今毀）

三溪疊石瀰鷺湍春木明於七尺珊飛絮偲揚風欲暖虛亭隱約晝猶寒聞名縱已傾城出因境還宜着屐難生際升平憐我老放歌松下替長嘆（三溪洞今游觀金相別業院閭罨添軒檻多植花卉以為遊息所）

義林池（在隄川邑見東行卷）

蓴菜初生麥熟時波青莖葉荇參差魚腥蘚綠何相

染雪藕氷糖両絶奇岩遇鱸菰真甲某㝎知塩豉卽辰雎(指張翰鱸魚膾菰米飯而言 陸機云千里蓴羹末下塩豉)義林池上蒼茫月幾度春回夢見之

莊陵

他山杜宇雨聲沉清淚氿瀾尚不禁〻夢庵(在陵寢東)中黃蝶散觀豊軒(在子規樓東)下碧莎澴千年玉馬何時起

四壁青騾晝日陰獨向村家三夜宿曉窓明月倍沾襟

淩虛臺(在仁川海上)

滄溟直渡卽青徐天水無邊一望虛(渡海不過幾更已是登萊而隷)

青州舊治海市多於佳日見海市必遇風日之甚佳而見云風帆勝似好
樓居層濤捲地千尋立遠嶼浮空數抹餘八味島在其中臺
下鳴沙花正好臺下有鳴沙五月海棠花盛開隨風隱現不禁烟雨濕中
裾

松京

滿城風雨鎖青蕪雲裏臺平月不孤滿月臺是麗王殿址而在松岳
初落秖爲黃袍天祚宋非關赤壁地分吳麻田郡崇義殿前亦有赤
壁江竹樐流水忠臣恨松岳明嵐古國圖猶見山頭遺
廟裏終年簫鼓簇神巫德物山崔瑩廟今爲巫女祈禱處
淚外春花寂寞紅千年徃跡穆清宮在善竹橋東北龍鱗未

必歸天上 麗王女生有龍鱗則不許下嫁

佛骨胡爲入禁中 睿宗庚午迎宋佛骨入禁中

絶影驄來王氣盪 甄萱獻絶影島所產驄馬于麗祖偶合讖書

雙飛燕去霸圖空 雙飛燕麗王辛旽愛姬

杜門洞已無尋處 麗亡不服七十二人入杜門洞々在國都西十里

簑笠擔囊恨不窮 松京人士至今有簑笠擔囊而行者此是頑民舊習云

平壤

官娥低唱繞腔哀

新月初升萬景臺 臺有乙密與最勝而箕城歌曲有月上萬景臺故去

隨意留春今夜燭

離情終古幾人盃

莽蒼神市黃熊去 神市在妙香山俗傳黃熊化女生檀君

隱約維城白馬來 箕子墓在兎山維城去府西十里

別是登高無限淚

嬋妍洞裏草花

開洞是平壤之北門而多有妓斜故仍以名其洞云
西京文物不凡庸公案吾方透一重浿灞難分仍漢
制浿是大同江舊號而長安之灞水字音無別故云壤陽相近郎堯封堯都平陽而檀君之平壤且又年代相當妓樓高處皆新麗烟草來時豈正供土産烟草爲一國之最而至今無御供正名云夜碧聞鍾同太華牧丹峯是
玉芙蓉峯下有永明寺

安州

平蕪初合見花稀三月行人趁夕暉七佛庵在西門外前
孤島沒百祥樓下落霞飛雲濺古壘軍猶壯氷泮晴
水賊已歸節度營郎西路大關防辛未土賊欲渡晴川江一夜氷泮而退長路尋常

通馹騎升平時節遠烽微

義州

龍興古渡馬訾河(馬訾河鴨綠江一名我 太祖至此回軍故稱龍灣)氣勢高於洌水波(洌水漢江也鴨水發源於白頭山千里南下到義州分為三派二十里入海)千里迢回添潤大三汊分去聽潮多劚山卉冠輸樑棟(沿海人入廢四郡斫木為筏潦漲浮至海極取而所過江邊爭相鉤致灣人最多得官閭閻舍無不需用)隔岸廂軍瞰綺羅(灣人載妓遊中江甲軍每覘視)暇日官樓通事會傷人絕倒唱燕歌(通事譯官下人詳見鳳城記)真珠萬斛馱紅槽(灣人不解釀法必貿取鳳城燒春以為一年之用)亂渡三江水怒號試煮青梅香轉勝若添紅麴格應高(青梅紅麴)

皆自燕柵來而青梅即山東露酒之法紅麴閔西甘紅露皆其所造行人下淚羈蹤遠
壯士當歌落魄豪淚者淚歌者詞無非酒氣所使夜省旄頭因劇飲
鷿鵜新血蘸并刀戊午夏秋彗星見灣人以爲皇帝旦暮且渡一邑驛騷此余遊灣時

成川

詞賦由來語不根如今神女去無痕沸流江上有十二峯與絳仙樓相對
山當紇骨城頭峙水到東明廟外昏城即十二峯山腰而東明王故都云廟在十二峯左沸流江上
碌〻人應題柱客江之下流有昇仙橋九十九間
勞〻亭是訪仙門門是仙樓外門而有二扁内則送客亭外是訪仙門停舟欲
問驪龍窟地底砯砰別派奔沸流江至紇骨城左穿山腰分流至城左與大江合

江中丹碧暎虛檐十二闌干各捲簾(紇骨城十二峯絳仙樓三百間)

(倒映沸流江心流丹耸翠雖王子安莫能名其狀也)萬炬分將波面列千燈敎與樹頭拈(萬炬千燈皆是新太守按例壯觀而七尺方錦十二疊部亦他邑之所未及也)

華筵匝座鋪新錦老妓登場按舊籤最好西廳明月下羣峯削立不勝尖

黃州

洞僊許我掇羣芳(洞仙嶺在黃鳳文界)三度春風歷海鄕幰展遠遊慚謝眺銅鞮爭唱憶襄陽(府妓善歌)樹間驛路通安岳(西通海州安岳即其相通之衢)雲際山城指正方(正方山城在城東十里)地主留人閒曲宴月波樓在竹樓傍(屢歷黃岡而只適南門外大路是時)

府帥柳公邀宿月坡樓

楊花渡

楊花渡口駕飛船萬傾波間一穗煙柔櫓無功新雨後平潮有力晚風前於焉欲近樓頭樹猶是難違鏡裡天不識水仙如許否欲將三島問長年

嶺南

詩人無處不風流恰半千程再渡舟（踰嶺而南先渡洛東次渡琴湖）積翠遙分通度寺（在梁山郡甲於一國）艷陽先在嶺南樓（在密陽府）老年魂夢嬌兒別（女兒寓居密陽）海國風烟短僕收（南至蔚山而返）炭裏騎牛堪可畫丁丁伐木獨相求（自蔚山歸時買牛替步）

序
記

扐堂遺稿 三

扐堂遺稿卷之三

文

壽愚軒李台丈七十一歲序

有義木於此地固腴亦資雨露則拱而把而連抱勢也樂爲人用苟木之性也且將未拱而樂爲樽櫨乎旣把而樂爲桷榱乎其必連抱而棟樑大廈藻棁加之風不撼雷不撓然後樂焉已矣則連抱之雖拱把當幾何壽而得之也此木之所必欲其壽而壽之用於是乎著今先生比之木則梗柟也橡樟也載寢載弄卽破荄分莢時也出壑入學卽改柯易葉時也始

仕從政卽拂雲干霄時也夫風雨霜雪一周成歲〻
積而久久久不已便是壽之義也正看百畝清陰高
旅之所憩息也千丈直幹鸞鵠之所停峙也是可不
壽而能之乎哉　聖上宵旰一念惟堂構是肯不塗
塈不丹雘則不止門闥窓寮楹椽楔臬咸已致其材
但屋脊所以任其重而圖其遠也故匠作亦難之方
且遍求名山大藪之間梗柟橡樟之旣得其壽者不
欲趁今效用而更待何時也上古之茅茨近世之瓦
甍其爲庇庥則一也抑又何患夫風雷之撓撼耶冥
靈春秋亦有窮焉而余之爲先生壽可謂無疆也已

送李節制 恒坤之任法聖序

余以辛亥歲僦屋于京城東頼眉亭下山野之性不慣與薦紳遊時或過門者非黃冠則白衲餘外惟閉戶繙書適遣光陰越明年仲冬適際通德巽索呻囈盈聽之時忽騶從剝啄巾屨已歷階矣遂顛倒出塾相揖而入緋玉其人丰神照暎審非席上舊珍而及叩其門戶踐歷亦非平日雷灌地也余云既無伯休知名之實而遽托文舉忘年之好耶因一笑從頌至暮乃別其翌以婢子送米藿來盖悶余之貧而有警也續後緩急之義喣沫之助殆不以多少槩而嘗數

日不見則神往心来發於云焉然亦對坐無言不愧
君子如水之交爲耳未奈仕路多岐今當遠別念彼
斷蓬浮萍之風鼓水盪者亦可曰離合有數歟法聖
固湖南之節制雄鎮而課歲營漕之責係爲比者長
官狃於恬嬉吏胥濶於奸驕從而敝々者民汲々者
亦民是以朝廷難於擬差而令公前此一典郡再佐
幕颿有茂著之聲績宰輔揚其譽銓曹竣其選此
恩命所以曲賜俞允也宜令公之益加殫竭思所光
膺則南俗之淆漓無如公何而若夫萬斛樓船直犯
星斗鯨先鼉後篙師色愴之頃公能式舟如馬神功

混茫否耶要之王靈所仗精誠上孚則陽侯爲之啓
旋海若爲之弭節千里京口朝發夕至者其妙則存
而其理則固然余以人〻所難能而必責于公則公
愛余之效也歟

贐沈聱山錫賢遊金剛山序

公今入山矣字書云入山曰仚金剛且以仚山名果
山上有仙壺局待公乎否敢將片言相送曰金剛峙
出後萬〻年月楊蓬莱一至焉三淵居士一至焉近
人金弘遠亦一至焉乃能躡後者公又其人而已餘
外屐痕橫縱磨滅石鱗者捴之脚到目亦到而不到

者心也何則海山方嶽不是飛升後可及洞天福地奚獨具眼所能見苟若身世名塲而衣衫利市則雖真十百至而竟不一至者存矣曩讀公行卷纚〻字而萬二千峯不覺心到且認東闕久客又是一番行逕則並今而三矣追想公六十八春秋多半是避債臺上而畢竟炎凉已矣魚鳥江湖則有是乎雲漢三島之咫尺跬步也繳三到之頃壽恰大耋而體氣尚彊精華內蘊此不但爲公幸〻而又幸者金剛云爾

送申眉南奉使南滇序

今吾友自經幄出爲接慰官〻即使事也猗 聖朝

交鄰有道信乎專對之不容不峻選者固非今自昔而乃能特崇簡拔於琬琰之府芝蘭之畹則宜其知之者榮不知者疑吾友亦自怵惕有思乎辭陛結旄之際而總之泰山　君命鴻毛身計卽是出疆之元符也良箴也寧贄幣可遺而此言罔或遺矣若其臨變應機則豈無五十年經籍中撰牘見得也耶一切大丈夫自期豈在乎不負蓬桑而吾友嘗擅譽詞場裒然擧首者殆以二十計顧其釋褐時則髮已蒼視已茫既又簪紳而冷官薄廩不足以繼給旅食纔典鄉貢而受人厚誣淹歲吟鵬於窮海之堧何幸明照

覆盆抱經登筵前後對揚固有豁然可述者今此飲
氷又其夙志之發軔也更願遇麻姑於海路借屋籌
而遐享則師尚父前程客有旣乎窃見金東溟先生
海槎錄有與林道春問答書而彼以經術見推於本
國者終能自服其謏陋又聞恭弘木世肅堂號蒹葭
蓄書甲天下尙徐福樓船眞能載去乎秦焰未虐之
前否宜吾友鉤遠察徵於畠山使者談讌對揖之間
矣定想揚帆駕海之頃恰可下汛候風直過江戶滿
飲上〻諸白有以紅魚鱈魚佐之仍登富士山上頂
一見四時靑而奈嚴程有限不及薩對乃止耶臨行

贈言寔出愛好之悰而未摭舊聞俳諧詼出亦余素蘊未究望于吾友者已

道峯詩契序

道峯固通國之名勝四時遊人計可千百兆以一人計則殆一生難再況每歲遊乎又況每月遊乎又況又每歲之每月遊乎亦未聞夫山下居人尚能爾爾而今我社中必占每歲每月一日之閒相與招邀徜徉其下得以詩酒佐之洵雅事也勝會也若欲援引䟽薄作我誇耀則幾於汰故姑默然然所宜淟勉而默禱者終始協偲無相渝惰壽耇寧謐亦無契濶月

而歲〻而紀〻而世團圓燕樂如一日焉而已

送軌訓沙彌東還金剛序

金剛盖稱仙都佛國而中華人亦有願生一見之歎生長東土者宜不待太史氏南遊江淮之年奈何虛送五十周光陰未踏斷髮嶺一步地也每自撫躬慙怍尚冀趁未衰朽振衣毗盧頂上今於三角山中得與軌訓沙彌結臘攤史此其金剛禅院六十年入定之化門師法孫而常説金剛如茶飯然定知氣髓肌肉罔非金剛猶未得舌䑛而知味鼻觀而知香然則金剛亦是味香以外而胡令人慕悅如膾炙也軌訓

今將還入金剛矣如可以一副眼目轉換寄去則萬
二千峯不勞且看而此法舊是三賢七聖之所未能
吾亭謝絕俗累擬袂一起亦未信夫無礙菩薩替與
方便否甭

賀李校理 根秀 登第序

李君君成以 聖上卽祚之元年擢宗親科第一乃
於唱名日 特拜弘文館副校理遣官致祭于至德
祠異數也至榮也足以震耀朝行表著國乘塡門賀
者無不嘖〻然相告曰讓亭積蔭始發於今余請推
其說而演之可乎當日三讓方之太伯而周家所以

處太伯反有巽於我　朝者非一矣句吳之封縱遂逃荊之志而斷髮文身之域亦有榮福之名亭王佛之雅謳乎哀慕之操只叙弁都之慼而文武成康之隆竟無易名之崇典宜額之賦舉矣甚至於魯衛列辟擯之宗盟徽麟經則幾乎蠻夷其視十六世〻祿顧何如也窃惟列　朝之伯叔展親不負周家而猶恐其未摯也肆於一初之政統宗親府宗簿寺而廣其制置宗正卿而不限員額宗親文蔭武之陞二品秩者咸得倘擬別有〻司之職而府務係焉尊大人以天官頭銜句管其事固有列之所未能則豈非派

系之逈異故歟又況宗親設科羌無故制而 太廟之 展謁也命宗親儒武衆班而遂於翌日臨軒策試君其擧首之褎也今而後益知金枝玉葉之非尋常嘉木比噫棟樑大厦山節藻梲捨君其誰也更願五百年春秋永無雷風之撼旣且花案收取無窮則非但君家之幸卽亦邦籙無彊之休矣抑又有君家未艾之祿高王考大夫公歷典數十邑皆以神明稱至今婦孺之論循良異蹟輒先推公爲家大父嘗等室桃渚際公晩年而常誦淸德如茶飯然有贈君家閣峯翁詩云馬氏知三世昌黎老亦宜閣峯翁對余

亟稱耳朶尙溫定覺大夫公之死非古昔而食報有理則必不止今日矣朝象如是門蔭又如是而余之望於君者其可淺淺乎哉

奉賀華陰李文明廸耆社肅拜序

愚於公受知稍晩而迹公平生甚熟焉者如世家列傳之人得而讀也盖公釋褐不早而歲星殆將四周中間歷敭非不淸顯而耆年邊及猶尙翶翔於佐貳之列之命之德不得不爲公疑之逮我 聖上初元極選經學宿德之士而公以之迭主兩館事又於今年春陞拜爲上卿靈壽閣肅 命仍是次第事耳夫

然後知壽之用大矣以其德則著龜也以其材則棟
樑也棟樑著龜固可不壽而能之乎亦豈人人壽而
可能乎近日東方壽域大闢鶴髮村村鳩杖家家而
如公之既得其位既得其祿既得其名者亦幾希則
公之壽始可謂仁者之壽也歟且九老於唐十三老
於宋各極其盛多而比諸我朝之尚齒亦尚官則殆
不若矣矧玆煌煌耆帖對越　先王永之史牒而不
可得者乎猗歟盛哉公之稟受也公之遭遇也復何
恨於今昔也竊聽公每於燕閒時輒引學士大夫談
論觴詠盡日忘倦蓋其外敷內腴之得於攝養可知

矣噫以若精華措諸當時則庸詎不黼黻笙鏞而耄期在前理必邈享此又公大試之會也沿溯列朝相望者名碩周書之曰考翼曰壽耈曰耈造德曰耈成人曰耈壽俊是已重傾吾 王尚猷詢茲無謂膂力之既愆則天壽平格至于萬年惟休此豈但爲公幸而已哉

送副使趙韶亭姓教之燕序

國在榑桑之壤畧是地支寅卯位所以得號朝鮮而國俗審於君臣之義扶婁玉帛不在九牧貢篚之後後又父師東來視同內服畢竟城郭梗化干戈阻義

秦漢上下青邱之庭實不旅逆使陳良之北學無人
季子之上聘絶路則冝乎辰弁之一轍荒塗而羅濟
之千年長夜矣然則我朝以小中華見推於上國者
豈偶然哉不可不變者俗而至魯與至道抑有深淺
難易之別科製於唐道學於宋律令於明閱五百載
多少靡一二事闕畧甚實得於述職之愈久愈勤而
今公亦使事也庶須遊神於專對之外文事武備之
未遑取法者夾袋收歸一一施措則不啻爲東方萬
世之幸而仍想通州河上簇立者洋帆正陽門内蚓
結者洋館輶軒所過觸目寒心然洋夷之肝肺比昔

揭厲之甚孰盖其所業技巧也所樂聚麀也土地人
民實非攸志而所謂傳教特其名目而已則任渠鴟
張不之禁戢者未知中朝有何因由若其有識之憂
歎必非去年吾邦沁都之比雖以挈瓶之小智宜有
曲突之長策矧乎海內賢俊登庸一時而豈無燭微
杜漸闢廓揚清之妙乎埔頭棋置在在是臺灣厦門
而珍恠玩好取無禁用不竭甚至鴉片之毒人婦孺
樂褶祆音聒術之惑民倫綱受病而聲討付於汗漫蔵
納有若澤藪者豈或崇儉之化未究儒林講肆不及
國際而然歟伏惟明天子在上紫泉清矣玉燭調矣

三古罔美而一統有光余以是俟爲公其行矣夫

壽丙田金承旨炳愚周甲序

粤昔六十年甲戌正值 純廟盛際政成熙洽德升馨香肆惟上帝詔星辰隲山嶽各呈英靈精秀之氣仍命太歲俾以雲霏霧灑於世祿積慶之家逮至當朝是歲而薦紳先生之壽躋周甲晬盤慶賀者元輔二宗班二正卿一自亞卿而下凡百吉士鄉僻謏聞未遑殫擧大較應時而出保世長民一也譬則袞衣黼裳十二而降各其成章矣所以論人材之盛必稱甲戌不啻如元豐四丙午者固一世之公共也吾州

有雨田金公以同年臘月九日設生日會速同社諸
君子儘賦擧也末友尹濟奎居一舍遠天又寒甘心
蕭艾之末雜蘭蕙而敬致一言遂〻相賀曰請公無
以雌甲與也夫士之生不可不論其世德而公之先
自禰而溯六世四徵君上又有文谷清陰兩先生顧
豈不蓍蔡琬琰於我東方上下數百年焉已乎亦不
可不論其地理而公之里近而有本宗輔國公若閔
李數三石碩之老成典刑皆所親炙稍遠而如丹巖
老相之獨立廊廟貞庵中州睡山諸儒賢之相傳衣
鉢求諸嶺湖文物之鄕而恐不多得此猶古耳以石

陵思頫其名其位至今花樹之集尚依蕊竹之日肅
卿八座風流儒雅舊播坦腹之譽新騰樊須之嘲信
乎其冠蓋里鄒魯門而國內三勝之青烏説標幟無
己俚乎公之得其地濟以世者如是焉故幼而不屑
舉人業旣冠足跡未嘗至於場屋然公議不欲虛老
斯人蔭仕卽其行遷也通籍二十餘年凡州郡之歷
典者七而其所展布無不資於過庭之訓如大邱平
壤之長官如席錦城維揚之訟牒如山而剸理勝人
聲績以之上聞　特命晉秩而寵異之尋又內移爲
同副承旨此其蔭仕之極華要胤子之從父蔭登上

庠亦曠絶之恩數也遂謝絃林卧葦然若野夫古人詩所云未老得閒方是閒其非眞際耶弟念緋玉階銜視亞卿更下一級則元輔崇班雖若雲鵠然之其保世長民之實有足以垂耀無窮則龍黃白杜未必不與魏丙蕭朱頡頏其名者余讀循吏傳而知之矣天之必欲生斯民也先須有循吏者輩出然後市樓高斗斛平貫索明而天下冨安此星象三垣天市之所居其一也噫公之生也豈偶然而已哉冀或朝廷更錄公加諸民上則州府牧伯又當計十數年有餘爲斯民竊余之祝焉

韓監役 益源孺人周甲序 代作

孺人以今年壽星一周天仲冬某日干支即其生朝也我俗環甲讌禮不可廢三子者相與謀曰時遇祈寒則兩堂少康寧日重茵累匙尚難展誠廣速隣社亦多妨礙惟小春節候較不甚冷煖且五穀登百果成甘毳芳潔俱非不時之需遂卜吉請命于余余頗之是日也老夫妻畧束甚感如維摩室之香花對供以余情事忒異壬申劬勞之感乃強爲懽顔含觴而飽致孺人詞曰郤饁孟案猶是本分桓甕董廚只功遺恨顧今一命叨 恩李兒擢第榮極寒素光生邀

僻祛麗之不稱卿其安之耶充適之難常卿忒甘之耶側身如欲逃杜口不敢進者寔余之志而不但家人強之反見笑於時眼姑此黽勉有若安餉然甚矣余之白癡也孺人亦不免爲白癡婦耶第見諸孫每得一絲一臠各以天機樂期欲角勝其翁嫗〻〻其老馬爲駒耶時諸子侑觴未及退遂書示一噱云爾

代玄湖李君家親回甲序

壽也者固非人〻可享之天地間大福慶也年至六十始可以言壽故戴經之老耄期頤則起乎耆〻卽干支一周之會而越翌年初度我俗重之以花甲稱

子女若孫歸喜相慶爲春酒介仍速父兄宗族鄉黨故舊而共爲樂此若詢于禮而欠考然其實生辰獻壽也凡在孝敬之道何惜乎歲歲修舉而爲力也綿蕞以擠其誠乃所大肆力者止此也歟聿小子福分無量去再昨年月日爲太碩人設此筵今又嚴君在堂無恙調斑爛舞而驩然展其面既而辟咡詔曰吾丁未戊申兩年之慶汝亦及見而此是累世初有事也余竊自賀門祚之稍敷何料我夫婦克趾先美也意必有積慶始發餘庥未艾汝其乾乾惕若日夕必是也吾家鼻祖廣平大君以 英陵餘子雲仍昌熾

列朝棟樑肩背相望獨我處士公百年韜劃便成家規中世居鄉得於 珠卯瞻依之地弟兄叔侄屋比巷聯随分飲啄若有冥隱者存何暇以門户之寒素芥于懷也 宗國弘族萬世無缺庶幾我来裔本業章甫引之不替耳小子退爲諸弟述仍又攢手僂指曰從今十有 年卽二親回巹之期吾儕歡慶當有其日也

雲樵李先生遺集序

先生道山眞遊倏欲三紀矣冠裳遺範飢爲夢想咳唾餘章只有傳誦何幸龍門珠樹遍搜篋衍繕寫若

干卷首先亦及於山野荒寂之濱以余通家子故也
纔展卷則宛甬吉光片羽隽尾遺音也屢閱卷則信
乎蘭室便薰麟脯久嚼也旋掩卷則恍然摳衣函丈
面承奧義也於焉禪宗六根相欲與之終始噫士趣
得正而後其著述始能黎然〻失地之地詩文不過
短什與散篇其勢固也先生以坡谷公貞敏公松沙
公奕葉華胄旣襲過庭之學且負間世之才又所薰
炙者迺近時遺逸黃先生下廬也至於從遊之諒直
多聞證諸集中唱酬群彥亦可見也炯茲卓立之操
莫奪之志自然發於辭旨宗非黽勉而得者厥有所

受存也其視作家企遜唐不及擬歐王莫逮則雖卷帙充棟亦何取哉若謂先生有文中子之才與識而無文中子之時與世以東俗之貴耳賤目必不厭服于心而嘗聞程門之邢居實以年壽惜今先生之生於季世若偏邦茲其似歟原夫文章之道有三爲贍博者查滓也研窮者精液也渙發者氣格也而查滓物之死也非生也精液物之生也非死也氣格生之理死之象特是外耳雖善說者莫狀也經傳尚矣顧何敢與論而自賦之屈宋文之班馬詩之漢魏而下率非有意於贍博亦非着力於研窮自甬渙發如春

生秋甫風鼓雨潤漠漠予玄滓亦自不知也余讀先生遺集而溪有契悟遂爲一言敬復也云

花樹集引

詩之權輿乎三百降而爲漢魏爲六朝爲唐宋爲元明逮至于今日者雖有世級才地之迴然不同顧其出於性情則一也若夫我東之科製全不師古體裁甚俗謂可筌鏞黼黻則未矣猶尚後生傳習之方不可不蹈襲前人此所以古今傑作與年條魅元之衰成編褎而至於揀川權丈所輯近藝僞遂一冊尤可見 先朝人才之盛噫吾家宗族世居驪上今之疏

遠者不過袒免則數世以前直是兄弟叔侄而當日詞場之譽比屋可封不容以科名得失槩矣奕葉吟誦足想門戶之閥閱而若愈久散軼同歸杞宋之文獻則獨且奈何我族弟必永惟是之懼遍搜諸家行篋閒各得若干首合爲一套而題其卷曰花樹集意固甚好而名又相稱矣於是乎時世之所尚是徵而来裔之紹述不匱則比諸近藝之止於一時尤當萬萬矣無已則科製外獨無靈申驪李之世藁刊行乎子盍圖焉

壯年佳日帖引 代作

生而長而老而均是人間世然寢床哇〻時不足謂
之樂矣伏枕喘〻時亦不足謂之樂矣自髮方髫而
迨未蒼齒纔齓而至將豁恰是知樂而樂之〻時其
亦爲天氣所使末由專餉者存紅埃赤日虐風饕雪
亦嘗樂乎惟花柳楓菊之時之所以可樂而樂之也
謂此時非佳日而謂吾輩不壯年則禪通而粟之初
曾不造出樂字來矣然則樂之當如何博奕近蕩竹
肉幾淫射之矍相餘風廢閣至今欲遠游〻則非其時
者多而亦非歲年可辨寧依五家會之舊俗春秋爲
課畧携楕核酹之地而設誓曰之花之柳之楓之菊

爲吾佳日以鎭壯年旣又吟諷以侑之不亦樂哉樂之末半起而敘其事

題帖後曰援古證今語又自高者吾亦安矣而蟋蟀太康秋也非春也桃李夜宴春也非秋也歐記滁亭蘇賦赤壁俱非歲〻之有也孰有如吾儕併擄春秋亦能課歲而驪江以水月擅甓寺有禽鳥樂朋友懽情不多讓乎天倫樂事務從簡率亦足擬於良士瞿〻也哉但佳日幾何壯年不常使諸君而知所惜之則幸矣

琴契引 代作

使余作東國字書則必曰契者同其調而壹其志也
今我諸人有吹者有歌者有詩者有琴者焉琹詩歌
吹未必不同調而志則難壹〻亦無爲故或東鄰吹
而歌者西南人詩而琴者北至相訕笑以己所不能
噫風流擅場其將从今蕩然而已乎一技悟玅寄其
趣而成其名者自古是失志忼慨之本色常然如何
並世相遇於功利紛囂之外打成一片無所歧貳則
豈不幸甚哉此吾契之所以不得不成而名之不曰
吹不曰歌不曰詩而必也以琴者琴貴乎和而和則
同調壹志蔑以加矣顧余無能乎四者之一而必能

自售於諸君之列亦能爲是諒而明之謂之無一不能也可也已

題世來卷首

余未嘗一日不著書亦未嘗一日或著書何者卧起行止經心造意無非是長短奇正之好材料也一一撫取一一摘成則宜若連閣複室紙價翔貴而竟又思之書之不必著不可著固自古至今矣詩之杜陸文之韓歐夲非萬不得已之事則限平生不下一筆宗無毫損於人與己而惟有國之興廢理亂不容不詔亦來許故所以十七史之在可必傳肰亦何可以

機杼之巧拙計也如左傳之必讀綱目之尊閣不敢
不曰學者之正見而陳范纂輯與遼夏首末之亦所
並存者其爲史筆則一也設使余眞有經緯之學金
石之文其如六十老學生之傚史官不得何哉頑將
以不揣本分之少日若干藁妄擬遇遯者此也第念
國乘外抑又有史家體裁之萬難磨滅者自自序敍
傳至于末之墓表家狀是已夫彼一天下芸芸萬族
雖其得姓之久近顯晦容有不同然各自一家而視
之則同源異流固當沿溯之明白至如一言一事之
可傳可述者亦在所張皇覼縷之義不憚煩耳吾尹

氏族之始顯於滕國中葉而若其上世之不少槪見
諺諸江黃之至徵杞宋之無徵則是亦幾於臆對總
之譜牒之作不早而晩疎漏久缺遠有愧於三韓古
家也是知譜亦有史義而吾譜之三變而稍詳者可
見時世之愈降而謀慮之漸長然活字拓本之間百
年一再成者亦難遍及於傍支諸家則無推窮源之
鮮有其人矣又況譜牒之不暇收錄者家藏散軼牲
石刋缺甚至國史有難歷攷野乘本自轉訛則以余
之夙承庭訓稍免墻面者猶不可口授心傳耄聵又
將遽及此吾世乘所以趁今裒成也云爾

書月庵金公琥遺事後 代作

索居無事試作臨陣對敵時想蓋其鳴錚疊鼓建牙簇旗流矢雨下飛礮電馳之際有能仗義敵愾不顧彼我之衆寡忘身殉國只恤辱死之輕重者言之無難而當之則太不易〻苟非養有素而講已熟豈能甬也豈能甬也仍念我東非兵革之場 聖朝無邊圉之儆肆惟 穆陵之晠世遷致島夷之陸梁周家有多方之誥虞庭遲七旬之格于時也鈐韜失籌上將貽歸元之恥 鑾輿臨境大僚進內附之議幾乎壤土淪爲狹野之域貢篚旋於畐山之庭幸賴祖宗

之遺澤深厚儒賢之餘風藹蔚勇士羣和於一時義旗相望於兩路烈〃之氣上薄層霄炳〃之忠剗戢鶩酋遂使二百年　宗社更奠磐泰三千里疆埸重恢華夏余意造物者不欲上駟局促於鹽車之下明珠埋沒於塵土之中是以木遇盤錯而寶鎩閃光水得淵深而神鱗借勢此顧非天地必有之理而古今常然之迹耶月庵金公卽其時一人而倡義死節之蹟尤有所表著者存宜乎　贈貤之典腏享之儀靡不克擧也今讀公遺事而感念疇昔焉之泣下一行傍觀其知之否

題日本惠山上人雲錦園圖後

余嘗晩悟臥遊法自謂得少文之正髓者雅矣如元美氏之弇山園士禎甫之辟疆園皆所尋常容與處而試使余質證竟不免樹樹糢糊石石依俙者顧其文不足以打破迷障而其圖則無傳焉耳今於雲錦園既讀其畫次讀其記記之未詳者質于畫畫之未畫者證于記不但崗巒之體森然映眼波濤之埶豁焉洶習並與清淑浩宵之色相神致未嘗秒忽遺而綵毫秘居然若登閬風躡玄圃而琪花襲裾瑤草沒屐海路之幾十夏不須問津佛國之若干界真箇到

岸要之〻畫之記到頭相照自不得專其功余之卧遊始可謂吳季子觀止矣試看三笑石上果有朝鮮人㧊堂生脚跡否也

題雲田上人墨香茶泌卷首

蕉葭堂百千萬弓扶植許多士氣人〻雅致家〻騷韻盡入唐宗之彀幾升賈生之堂撫其跡而狀其人寧不欽敬萬〻正想名藍勝區之間吟哦成趣敲推有聲得以諸白有佐之儘奇緣也勝樂也率題警語數則仰助高風耳

㧊堂記

扐豈但以揲著言哉顯晦用捨一大衍也畸寒懶散一奇數也夫士生於世顯晦以時用捨有命用則必顯捨則必晦而惟畸寒爲懶散者居多懶散者不得不畸寒則是知大衍未必盡數奇數本自無爲余故扁其居曰扐堂旣又以扐翁自號近見元燮卦堂之義蓋取諸再扐此兒成就能與志尚符乎否耆年餘景惟是之俟

晩趣堂記

晩趣堂卽我　七代祖考自號而仍扁其居也謹稽典簿公耆年後拓開榛蕪而爲之堂晩趣公實幹其

盡始終條理不但以旨搆言矣堂在驪州治東南三
十里其鎮曰小山諺譯爲孝慕山洞之名沙谷亦稱
以慕萊室吾家之世濟孝義亦多壽耇豈其應徽典
簿公以　先君三昆季之一骨肉嫡長嗣續只亦有
晚趣公一傳而爲兄弟再傳而爲四從行三四傳而
爲九爲十三逮至吾父祖之列親屬不過緦功袒免
而同閈數十家育子抱孫各自昌衍絃誦之聲不絕
於四時場屋之譽遠播於八域此猶外耳內行之純
備殆亦近古法家之所莫及而茶山丁公浦江族盛
寧求友山谷詩椎不著書之句蓋云一時善形容也

若夫山水之體埶基址之沿革畧已槩見於不肖所記墓阡標識今不須架疊凡爲堂者二制皆六楹而挺者亘複者窈外極軒敞内宲邃密左一房徑圍可三間有餘右一房纔半之中央置廳事與左邊南榮相聯而其廑殆據六之三礎石出地數尺許棟宇皆砌專尚堅緻其一則傳之六世始撤於過去乙未歲今其巋然者西屋也已自晩趣公身後權作内舍廚房庋閣似是追補而又西有二屋以上内下内補夲令側室居之後即分授僉樞府君及雙峀公雙峀公所授今已墟矣堂之南舊有書塾從祖進士公稍廣

其制卽今邀客處也堦下小鑿畧半畝夏秋交千柄荷香眼供鼻觀應接不暇嘗讀癸亭集有挽典簿公詩云忍過舊池堂以知小鑿之已在其時也年前宗弟畧加繕修堂以之一新曾見舊甍前面刻乙丑月日造當時晩趣公四十四春秋時則距今一百八十餘年間辰緯尚有羸縮陵谷亦多變遷而幸能顔氏家訓不至永墜范公義庄得以相傳者豈堂與基使之然哉意必有幽光潛德發於眞積而後屬裳騤猶尚以不復大振致恨於鄕居無已則盍圖所以事〻趾美也自飭勉也亦何嘗聞古今賢達輒皆生長京

華子竊瞻堂規之當日剏置畧倣輞川故事而爲親
養志是其義諦傳世遺安初不干係然畢竟江山風
月必令𦵢仙爲常主則無乃歌哭聚族厭有張老之
善頌耶噫吾家之先壟雖石田民足以壽久者觀於
隋楊砥驪諸處到底是晩趣公之功之德也盖想崔
之博陵柳之河東審非我俗鄕貫之别而各言其地
氏族之盛則吾尹之以沙谷名卽其證也今人之只
知有沙尹不知沙尹之先有晩趣公爲沙尹者亦只
知晩趣公之垂後裕不知晩趣公之奉先孝可乎以
若追本之誠貽後之圖措諸當世則何患不笙鏞黼

芾而時値庚申甲戌之際達人志士之鍾毓山林軒冕泥塗固其所也詩曰有孝有德以引以翼晩趣公有爲村之東有潭此公釣遊處而今天民川水蝕西南椒頂有山亭遺址池嶼中亦有小〻茅棟此皆公觴詠處也東西南俱有里門至今流傳以盜賊不敢夜行〻人疑以城邑又云平明三鼓鋤棘畢出後者必有罰亦知公勤於課農也天民川夏潦水漲商旅喫渡初秋之月足可沿洄川以百里東流名于一國再現于青華山人所劄擇里誌而誤稱清渼川北岸上列植數里有濠濮間想比年来氾於河凌林木漂

蕩前所謂古川坪還是今川〻路之無定即然矣赤岩浣瀑各擅一區形勝前輩遊賞尚有吟咏之可徵而瀑在烏甲山中岩即川之下流也登此堂焉而羣峯疊石朝嵐夕翠者烏甲山也稻畦麥隴綺分繡錯者占梁坪也有時歌謠起而不見其處洴澼亂而但聞其聲者左右溪田挾帶林薄也至若沙鳥獻玉淵魚躍金鏡面紅旭注射萬穎者川之眺望比舊殊勝也滿村蒸霞桃花源耶緣厓堆錦黃木灣耶帆影掛簷而效牛渚之咏雪色擁座而追鶴氅之儀者此又四時之逸興相代也矧茲春夜之宴花樹之會只自

樂其樂而罔念受賜于晩趣公則其人之入而事親出而事君又將何如也旣以自勗者雅故重爲伯叔而遍告之

愚軒記

愚幸趍叨海谷老爺于安岩別墅爲其夙慕淸望北接仁里也欲愚之源〻承聆不以愚下而斥外者獎勉後學固老爺之盛德故也嘗一日詔愚曰通籍四十年前後歷敭何如而腴官美爵不自爲泰者余之愚也旣而衆憾斯遑 聖恩愈摯十年癉海毫不悛悔者亦余之愚也中庸章義間嘗竊取則余之愚宲

自用爲之哉而若是乎柳〻州其人不足慕然愚溪二字亦足砭愚是以扁非所之楣曰愚軒歸亦仍之以寓警子其爲說可乎愚敢不揣而對曰聵騃癡憨愚之似也而巧言者有之乎令色者有之乎此古人所自居不鄙而若夫六蔽三疾各居其一者先聖本意悉諸子之不好學而亦歎古今之亘詐不同耳矧乎子羔之篤志而蓋諸辟喭之科顏淵之不違而疑於退省之前朱夫子嘗稱於自言之地而學者襲之至今頌亦借矣愚之爲義得別如此而老爺之自居必欲對以賤對以柔對以不肖者不幾於遜歟今老

爺愚夫愚婦與居與語一得之慮無不收剔忠讜其
論著爲經濟思以淳樸反乎今俗此愚之體也銓地
藩臬出入斯處而皦皦灼灼不於言行猶尚衆心如
神輒相孚感引年致仕期欲竣請而淵然 聖度久
不允從老成之責溢於辭旨此愚之用也世之聞者
罔不以此賢智老爺而宜老爺之所以自愚亦此也
已

西州記

余寓頻眉之明年壬子海谷李公納嶺節家居于安
岩別墅聞余之山野任性落落寡儔嘗遣人致意繼

使次公來敘鄰好余慕其忠欵久始造拜自是招邀
必卜夜遇雪月則尤數〻如也堂之扁曰愚軒徵余
以記〻以敘其宗翌年癸丑公春秋七十一余爲壽
序以效之其晚春公移家于筆橋之南索余餞詩而
頷聯有曰豈無知我者方見讀書人公嬉笑辨質仍
加賞譽焉筆橋視安岩稍遠比又轉從于明禮坊第
猶尚月輒再三造而必苦要同宿終夜娓〻蓋非功
利紛華之說也余之甲寅遘毒也微公幾乎藁簀掩
截尋常饋遺亦多匱乏之是伺矣公以乙卯就養于
長公之寧邊任所余奉三十五韻七言詩寄上而公

之歸語余曰練光亭上恨不攜君共登使皮東樞誦君浿江截句十一則首〻新穎便是西京全圖就中未必笙歌方愜意鄭知常亦冶遊郎之句使鄭司諫有知則足以汗顏矣嗚呼從公遊八年之間經史問難與清言確論之恰可詔示來許者多而惜未一二記顧余受知稍晚在公致仕前一年而公釋褐來出處大節之得於談次歷敘者亦莫如余之詳且盡也公以戊午八月四日捐館而余時客于龍灣聞喪後幾日送客郵亭見公按察使頌惠碑立於路傍遂下馬酹酒涕泣不成聲以其歲小除歸寓日擬趍哭而

歷數月不忍遂致輓詞一闋曰龍灣歸客久停輀頌惠碑前哭且休華屋山卭多少恨羊曇不復過西州越後二棘人使家傔致辭欲余來慰而經歲又不果庚申人日忽自思曰使公在世則賀新之拜宜不至此晩乃振衣而往攀几一慟出門而歌曰偉人一去兮人世間遂夐無人卜人日來哭兮敢謂以人而哭人退又述其槩如此〻余慕公之餘悰而已

望洋亭記 代蔚珍守作

余以戊午春出守是邦按版圖檢簿書訖問望洋亭何在吏曰亭在平海治北宗非我理也余聞而自觧

云沿瀛八勝邑各擅其一惟蔚與歙無亭館可名則足想其凋敝甚矣至若蔚之冒據焉有者還不媿於歙之無也耶既登之祗一海堧結趺處如其望洋則我理之沿瀛上下亦無處不可而已今幸使相到部之初諮余移建于治南最勝處既又捐廩以助之卽余賑饑救瘼鞅掌未遑之暇而亦且得使相焉重者奚啻萬勻也工役畢玆記宲揭之壁其結搆也景槩也要使登之者見而知之云爾

習讀廳題名記 代作

泰階平五百載餘韋僅再三用而猶尚陰雨之備靡

不容極訓鍊院習讀亦其一也官四十員皆從六品
厥職商確韜鈐排列隊伍而已廳在鍾樓側使之輪
直踐更惟鼓漏是驗不欲素餐於明時者亶出磨礪
意也不俟旣叨是任矣屬同僚而告之曰廳壁題名
古有其規況吾儕生長升平忝竊斗祿盡圖所以不
朽也遂列叙如左

始安堂記

始安堂額字惟我　哲考書下于臣炳冀受言藏之
今十有三年而于以顔之不於校洞坊第不於栗里
水亭必待驪上新結搆者玆其易繫天地之故歟炳

冀之先自辛壬危難後家于驪上有曰世安堂有曰
遺安堂夲生曾王父若夲生大人先後所命名也儘
知傳家秘諦惟在乎安炳冀嘗鞠育於斯瞻依於斯
及夫通籍而別其户得宗叔清近亭自烏之所〻欠
介在市垣抵二堂稍遠亭既輸于官江鄉容膝之托
反龜毛矣粤數年癸酉又得李氏遺址於二堂之側
左下烏堂不欲鉅麗撤素逸田舍舊材而畧增間架
商度工役式遵親旨堂既成以 睿筆扁於是乎臣
子之心安而世安遺安周而復始〻〻安之義遂通矣
噫改歲入處慈念未究而獲以殘喘晨昏倚廬者堂

亦不爲無補敬爲伯氏理其說仍收涕而記

又安堂記

又安之義余得而自證矣越我堂扁之曰世安曰遺安殆⿰舛巴社呰儕流之所共見聞而傳世遺子之祕諦真詮莫如一安字此吾先志之揭額常目而中歲肯搆亦不敢申複也噫鄉庄卜居昉於辛壬危難之餘而百年齠齓天理回泰幸余父子昆弟得有今日人無不曰蟬赫然要其歸則安而已安之效豈可涯哉譬則輪鞅之於鳥道帆檣之於鯨浪其能獲安者皆以戒愳致而一或失愼直安之背耳今夫際 邦籙

之磐養奠家道於社席而謂之苟安可乎猶恐夫狃
於常而反爲鴆毒卽是宗旨也至戒也此有歸老裕
後計而江上五畝不遑受廛今年秋始得李氏遺址
距二堂甚拶逼視向日之清近亭亦好去處也仍念
山水不以樓臺槩遂乃撤舊材於素逸田舍旬朔之
間草草結構只擬淵明容膝而止就其所難關者堂
扁也又難去者安字也士友之登我堂而讀我扁者
以爲吾家傳述之義例在茲乎否

清斯樓記

又安堂東偏北折曰清斯樓樓制屋禪家十笏而其

勝則滄浪也登之欲頫而頫不期頫而自頫頫則有
濯纓想主人殆漁父之儔歟此樓此扁得之也宜矣
客有難於余云滄浪固清而可濯然纓本無垢則當
柰何余答至哉言乎滄浪之清意不求濯濯之者自
至則濯矣纓無垢者滄浪其捨諸且此樓之清斯爽
世無已則庶有無垢之人生乎其間矣遂一笑而識
之

雉嶽山龜龍寺重修記

余按是邦之夏旱暵百方祈禳久無驗竟乃縋龍湫
曝佛幀然後雨方洽心異其迹叩湫與幀何在吏對

以龜龍寺〻考諸地誌實隸赤嶽之北麓也越暮春簿書多閒楓菊爭妍遂卜日覓路箯輿數憩已是琳宇而瓦甍缺棟楹頹丹雘渝仍詒緇徒云昔之壯麗尤可惜盍圖方便爲也有善明苾蒭者避蒲團合掌曰何嘗聞娑婆衆生故意飢渴無肯醉飽乎余不覺自哂其愚卽捐三萬銅效檀波羅蜜故事翌年春寺以之一新竊念過去未來無限成毁抑有氣數存焉余無足以現在自多也已

健忘說

世間讀書人無不以健忘爲病吾亦隨衆云〻近日

始覺其非病何也家貧本無蓄書書皆斷爛之餘而鄉居以来無可寓心試一繙閱初以爲磨驢舊跡太不尖奇及夫遊神行墨之外着意句讀之間輒皆徹頭徹尾到底生踈直一新面目耳是用撰瞔鳥永聊窮昕夕體倦則覓曹公之歆棨目勞則用張氏之内毋更頤健忘愈痼未掩卷而旋忘則一卷書足了平生矣此豈可以病言哉比之朝飧午飯一是香粳而過則有味味之無窮是知字句者顆粒也意義者精液也雖有天下善忘之人必無進士不以口臨文不由理者是所謂性也性得之天而不能忘不可忘者

存若夫以性爲病則苟揚亦不爲矣

周甲說

聖上七年即余降生之再庚午而仲冬下澣後越四宿又其月日也于是時也塡門而賀者有宗族焉有姻戚焉有故舊焉咸以爲扐翁周甲會夫六甲一周而容成之筭已竄則然以脩短未始爲不壽而古者無以此會稱不少槪見於中朝人詩與文特我東之俗尚乃爾一云回甲亦作環甲宰輔之貴輿儓之賤無不設宴以相樂至有傾囷倒廩不之顧者論人壽者亦自周甲始余嘗慊於古而恔于俗此果狃習見

聞而然歟第其賀壽之必以成數如五十與七十以
往則可矣惟六十爲更周一年正是人生一大晬也
家人飾喜固非前後攸比况有二親在堂如吾家癸
酉戊寅事則人子劬勞之報尤當萬〻飾喜不待家
人之勉強噫牽補闕文而合於禮則宜亦不限乎季
世若偏邦周甲侖洵不野而雅矣至若親賓之賀不
可但以勝事槩余故設笑衎日四座酣暢而獨不許
二孫奉觴者無欲舊懷之振綳也旣又自酌屬之諸
公曰詩人頌祝莫壽考若周書之壽耉考翼耉成人
耉造德耆壽俊戴禮之曰艾曰耆曰老曰耄曰期頤

無非高年宿德之稱今吾年已耆矣則將宿德自居
並與頌祝而恬如乎王鳳洲所云造化之於賊也愚
也役也畸也我必居一而不敢辭也抑又龜蓮樗櫟
不言其品則壽之用從亦溟涬焉而已哉座中一老
成忽翛然曰子之志無已奚乎既讀聖賢之書亦抱
經濟之術而只以時命之不利至自玩侮則朝歌屠
叟夲無鷹揚之實昏靡板築決非調美之手而古今
巖穴之間蕩然無人後已且子之必欲委諸造化反
又一倍厓異於王鳳洲子其終始攝生更享耄期則
安知不令世之壽俊造德非子謂也余遂錄其語以

自勉

詩道解

比見作家諸人專尚詩道而童習白紛者只是近體尢喜七言每成一聯輒相推許曰此眞唐人語至於逐句指證曰此許渾也此杜牧也此劉長卿也此李商隱也無己則夜郎之王尚能歸令諸侯雖足之佛亦可渡濟彼岸嗷噫若於經傳而有是焉則猶可爲疾問衍義之似此獨不易得也七言近體昉於唐人則宜作家之歸依如衆水之源委河海而狀其眞諦卽是蹈襲也蹈襲意近與蹈襲字句之孰難孰易姑

且勿問李杜之擅場也必不相貶薄而杜何不蹈襲李李何不蹈襲杜耶若謂蹈襲獨可於古人則李之我吟謝朓詩上語杜之安得思如陶謝手其亦蹈襲古人之是顧而顧豈不或正宗或大家竟自唐人門戶耶歷數唐人警句類多蹈襲漢魏而其亦字句也非意匠也要之蹈襲之風亦昉於唐人而唐人竟又蹈襲未盡然亞聖之上達也尚亦云舜何人予何人則余豈謂今人之於唐人焉不可幾及而故焉是厓異也竊嘗觀二南與十三國風均是詩也而涵泳喜起之餘慫揚五子之間泛彼柏舟揚之水兮隨意比

興畧不嫌逼其他一句之相似殆不可僂指計而曰正曰變曰淫曰蕩曰儉嗇曰勇悍竟不免局於時世泥於土俗一國之風一人之作而亦自趣向不同體裁各異大車之畏不復爲黍離之歎東山之慕不欲做鴟鴞之怨則以吾東今日之去唐世千年距唐地萬里而每一聯輒曰唐人者使唐人有聞則其不捧腹者幾希矣句語之必借用中國地名者尤亦絶倒而已原夫詩之爲道貴乎辭理諧洽不容相如之指瑕然後神韻自爾流動而亦復善述本地之勝時人之事其詩也幸或遠播久存而異國若異代讀之則

必將曰某地有某勝某人有某事古所謂詩史即豈非此法耶況近體之紀實寫境反不如絕句之字半而意盡此諸短歌長篇則九萬〻矣蓋巨匠諸公之最嫺於短歌長篇者是已然則以每一聯輒曰唐人之氣與癖何不爲唐人之短歌長篇思所以壓倒近體耶已矣夫詩莫盛於唐人而德業如裴陸名檢如崔柳者實亦不以詩自任則意者當日鳴國之手太半是失志伉慨負才落拓之類也若是乎近體之不可作短歌長篇之尤不可作而唐之詩人之亦在所評隲而取捨之矣人若曰子固不爲今人之緇襲唐

人而漢魏與二南與十三國風猶不可篤歟余宲無
以難之然第念文章氣數亦有消長則今之詩道尚
幸一治而一言蔽曰書契不及結繩〻〻不及渾敦
余之七竅已鑿篤是方可之言者即亦安作也已

屏障書題

噉黃獨飯着薜荔衣提桄樑杖鼻觀了蘅若蘭蓀諸
香物時取靈均氏離騷經補寫闕漏已知有老畫師
杈枒肝肺來作周旋於烟雲樹石之交
一身上若干嵌空未知那箇是慧竇而眼耳鼻古竅
道絡連畢竟似使臂使指更須多下五經精液無復

麻木方是通體暢適平生受用正不少

鳳城記

今我遊鳳城耶鳳城使我遊耶此之長城等之者秦
而使之等者匈奴也倘此訟起而釋之取供皐陶判
辭則必曰華夷之釁寡屬乎土地犯越之計基於龍灣
此名喻也斷案也夫龍灣之為地也不及府城十里
而有所謂箭門嶺登之眼界一半已非我地府城之
南門曰海東第一關望之不覺氣窄心短前程索莫
及登統軍亭鴨江三汊繞在膝畔遠近人家之星布
棋置於黄蘆白沙之間者即我民之屯守我境而名
之曰把軍幕稍見一二亭障縹緲隱現于中江西岸

者每歲中朝發遣將官一人甲軍二十四人以之防
護大小國人物潛通而我國之供給經費歲可累千
計食物藥餌亦須我國凡一日之喚渡徵求幾乎再
三而府置小通事五十員俾掌其往復酬應又有京
司差送之譯學訓導各一員通事案係爲　國有咨
文則以禁軍傳遞灣府使之到付鳳城甲軍與皇咨
之求渡三江必以九連城烟起爲歸舟船之隷於我
境故也總之糾檢者訓譯也使役者通事也灣上士
女之習於漢語有勝譯舌者亦此也每見把軍之月
六點閱也部伍之贏縮無常老少之顚倒太甚府帥

亦掩口不問而已府帥無事夜或擧火于統軍亭則把軍甲軍人各一炬以應之其亦點閱之意而不害爲壯觀也每以二八月開市中江差官往檢而我國所售不過鹹鹺大武（禮記盐曰鹹鹺牛曰一元大武）大武亦優劣難壹慮其有関使彼人著爲抽籤之式獲壯健者去其羈穿驛騎長驅頗有自得底意占羸瘠者垂鞭不加氣色低甚亦不柰何于我人也余從差官坐軍幕通事云一甲軍頗解我言仍招與相語則搓頭抵掌略似俳優而聲音拙澁類是五六歲小兒之初學方數與其所謂大人言者亦去甬汝不識尊卑之別拜跪

禮數尤爲可笑此宲由我人之於渠輩每相鄙夷見
聞止此耳視衆中二人設茵分坐絶無隨衆奔波且
其服裝濟楚一則差官一則甲軍將云也又所謂栅
市卽賫咨官與節使來往之會也我國人有貨可貿
則輒許赴而鳳城則距栅門纔又一舍然唯官人可
以去得亦不饒一日留宿例也余以丙辰春糊口于
韓柳坡守灣之日又於戊午夏隨竹史旋見容于鎭
邊軒一見中江葢緣便近而至於宿眷糧賦遠遊等
是乞兒之波斯市然還念蓬桑初志十分神州見今
鈹禿未離風燭遽及寧冒人譏笑一快心目且栅市

鳳城猶可為全牛之一臠遂以十月中旬凌晨上途
臨江促艤之頃少憩于搜驗所搜驗所者覩禆土官
尋常監守通事之一往一復輒皆鉤摘及夫柵門之
開也晝夜檢察尤致綢繆雖使行〻李亦不容擅越
也土官為余言柵門程路比於宣川尚覺稍遠則其
一百三十里云者宗一百六十里強矣遠行擢眉俚
諺則有況我便服視胡製反又陸離請去上衣甚無
妨余遂依其言理裝而卽登丫（西關以擺渡船為丫床自大同江已然丫）
（音媽）床有二黑大狗擾艙板而盪槳諦視之乃篙師輩
披狗皮長襦而表出其毛此則華俗而西民多效之

于時久旱惟中江使船兩泝則幾欲生塵矣纔過三江岸有八九胡騎縱轡前去從余者官隸作呵辟狀彼皆下馬問大人麽仍畧讓數步還又躍鐙搶路而過也又行數百武有山脚結趺嶺路陂陁此是九連城而或稱寡婦城磔石間寒灰散漫曩所云烟起即其處也嘗見灣上多有獨孤氏以九連城爲姓貫豈閒田以前居民遺裔耶過此以往曰金石山即自灣上西望嶙峋峛崺爲兩國屛蔽者也要之崛起於醫巫閭東北與鴨江千里南下同止于海口海口殆若遙〻可接而城南數麓爲之障也正看山氣明媚亦

不高峻每度一岡輒成洞壑亦有林薄掩暎隱然若閭里自在鳴吠相聞地多沮洳而亦無大川水皆隱流終日行未聞瀰〻聲夾路漫山無非橡槲之属松杉則絶無蘆荻又其十之六而蓋聞省主每以孟冬遣甲軍縱火不欲猛獸之接跡也雖無指南之鐵記里之堠而蓋自九連城一坊向西北行〻十許里有使行中火站又三十里曰溫井卽使行宿所站而俱無館舍(按燕行路程記渡江初站湯泉六十里)但臨時供帳去國一日有此露宿者良足發歎耳又十里曰石隅站(突毛老)許令我人結草賣飯於閒市之際蓋灣柵之半程也余

亦歇一息喫一呷問俄者胡騎何時過去店主答料已度柵有間矣又十里指一崩堞曰此安市屬城岩其興廢史牒可攷則不必多言又數十里指一石獸曰此中朝宰相墓也官隷之領畧能甬者亦云嘉尚安問其姓名世代爲也又十里曰慈秀俗傳我國之慈秀(平山府慈秀站在邑治西三十里)相似者殆亦彷彿歟又數里而金石山始竆矣纔度平原有一線北迤北我路稍大豈四郡以西又有去處邪余行到此日已昏黑遥路爲之高溪而秖見莽蒼間燭影如星僕夫言柵門不遠矣余云安知非隋唐戰場青血化燐邪少焉月

出而澗聲忽大其深足以厲矣及到彼岸便是栅門門似我國之里閈宷非城譙虹蜺之制栅則用真杖木列植而比猪窩不啻稀疎一字横庚亦不滿數百武有露積沿澗皆用蘆簟掩蓋々是我貨之未經主顧者也栅門内路右第二家曰我國中營炕牙校輿儓一齊迎勞導入北炕上整頓只一我國之小々傳舍也仍語諸人曰余固生長偏邦矣每一想象大國暗々地目張口呿以爲凡百制置皆當比我則傑然今以此炕與栅門推之岳陽樓反不及練光亭萬々諸人皆捧腹也在灣已聞戲塲方開逐日演劇飯訖

遂欲往觀則諸人云自日出始夜二更乃罷而今三
鼓幾作請竢明日爲宜余乃講定曰明日觀劇戲又
明日往鳳城還顧余異域之遊纔及孟子出晝之期
邪夜間時聞沿街鳴鑼有似践更蓋財賄攸萃以禦
賊警也睡罷卽起遲明而出始見市廛比櫛商旅聯
絡而畧行二弓地果然戲棚結在財神廟門外方有
三對對彈絲吹角擬金其聲疎緩可聽始覺我音之
失於太促也棚制可四間而截半遮隔戲人戲具皆
在内裏每一回輒先以題目正名粉書于黑木牌揭
中欞前面生朝淨丑（生朝淨丑演戲人名目又有外末等號）必從右門

出左門入動止周旋若有儀度而余實聾於華音未嫺劇本全昧其所演者何戲就中張翼德義釋嚴顏最可十分猜覷蓋其聲調閒雅有時若不自喉嚨間出古所謂白雲遏樑塵飛者信亦如是否且云登場七日而尚能不嗄似非我國毛宋輩所可幾及也（嗄失音也道德經嬰兒終日啼哭聲不嗄毛宋謂近世名倡毛興甲宋興祿也）今無可徵於紅兜世界而視其人蓋金冠帀因巾（帀因巾網巾一名也）衣亦絳紗團領而濶袖戌地青絲帶黑木靴飄拂長髯氣度軒昂叔敖優孟孰辨真假而如漢人有覺則將抱頭掩面啼哭而死近聞中土有長髮賊

賊固匪賊故曰賊匪邪又可絶倒者我人之必稱彼人
為皂隸便同土俚之我歌查唱也時整撤戲而飯時尚
遂遨與小通事入財神廟見塑像秀儼卓前滿爐餘燼
盡是萬壽香余問此殷王子否通事無以答仍指東
偏殿閣曰關廟也旋一瞻仰金身象設如我國東廟
廟左有廂一衲子守之余謂百神皆可做〻不得者
財神則財之無神也必矣財者裁也災也君子得之
則知所以裁節財之謂也貪夫得之則乃反爲災殉
財之謂也節之者人也殉之者亦人也夫豈有神干
乎其間云哉余又謂財雖有神殷王子必不做矣以

銀潢之正派當柏社之末葉判出三仁最難之事剖示七竅未了之心秣馬之歌(將死作秣馬曲以自弔)悽斷千秋銘盤之文(銅盤銘曰左林右泉前岡後道萬世之靈於焉是保)昭垂萬世三尺環封相對商容之閭一腔蘊結長伴夷齊之魂則以若剛直之姿財上威福在吾掌握而越視顔淵之屢空冥隲陽貨之不仁者此其無是理之一大明證也抑又財之不可禱神而致推諸目柟商足以知之矣凡彼芸芸孰不虔誠而祈求者半得利者亦半何哉且於關廟不能無疑焉余亦纔亂而讀其事甫冠而拜其像左氏傳青龍刀凜乎忠肝若覩三角鬚髥卧蠶

眉悅焉烈魄如生不渝桃園之盟重顯玉泉之靈心如日星照萬古而增輝氣作山河亘六合而益壯然至於家家尸祝人人俎豆則中國之宗風未必皆賢而季世之淫祀亦可戒矣文之孔聖武之關聖寔出愛慕若是比擬而崇信降魔之說認作禍福之門擅加眞君之號竟爲道佛之歸者反欠尊敬尤足慨惜也已及出廟門見一治工鎔鑞爲燭臺傍有數女子聚觀而其形皆危髻卷曲滿插花勝小脚彎鞋雀步踉蹡此云漢女服裝而滿俗則不然也又有一車載六箇婦人方向戲場來而縱觀我人少不羞澁然通

事云若被我人撞見則必甚怒也又見路傍方設鏡
戲余亦依人從窓鏡窺見則或青旗赤幟對陣擺列
兩將出馬挺槍直前或齋閣蕭灑筆硯齊整三四儒
冠偃蹇松間或千巖競秀萬壑爭流白髮傴翁擔囊
採藥竟有赤條〻男女極盡醜態如讀金瓶梅一段
鄙褻不忍定睛蓋設轆轤于小棚內安幾疊畫本于
上輪轉互換景狀隨異而鏡生眩花如是作怪也又
見羣兒簇立中有一髡髮啖餅〻圓可沙糖數圓許
而顆粒均停即我俗所謂玉垂[illegible]字典謂之糖䊀向
於中江開市見衆商會食飯皆糖䊀蒸成龐畝間堆

積者在〻皆是而不見他穀之緫與稭且自燕購来
之月餅花糕無不以此粉調造云是知燕栅之土宜
只此而無恠乎我國粳米之必欲倍售易去也遂歸
館覓飯且喫且思曰衣食之鄉莫我國若夫何唐堯
建國不都平壤夏禹治賦不隷青州耶意者寅賓之
宅未遑墾闢作牧之民未盡生聚然以今而視之則
我國之幸不幸可謂前後相乘也既啜茗已又與通
事歴見貨舖數座而盈箱滿架漫不掛眼只拈若干
牙籤則零星卷帙都無可讀之文也轉往戲場纔省
一回便有收拾欲罷之意余問其由一客啇云夕日

倦困其言了〻可解也大約彌漫者官林立雲屯而哄動閙作喝彩非若我國之狂叫亂跑閙場乃已通事指點一人云税官来了此是中朝欽差七品官句當柵務而今九門總督之子亟頭秃袖行無跟隨時衆商並踞几子畧無驕傲色蓋其簡率甚可喜也通事暫往柵下還云柵主言當爲朝鮮大人趁夕重設其意寔可感而日猶未晡則夕前消遣無法且聞源昌號園庄侈麗距此可五里遂携通事及三四我人迤西向北去先見路次塚墓累〻制皆圓尖不施莎草閒以紙條揭小竿當中安插用表子孫之拜掃云

也稍行衰柳堤上始有墻垣高屹門屋宏敞一則新鮮一則頹殘新鮮者源昌號所居頹殘者其從父隆老故宅而又其西有墻繞繚數頃者乃畜養之場即肴無數猪羊亂行田疇以方收穫既盡便於放牧云也盤旋顧問之頃忽有二青衣前揖通事云源昌歸時在栅上聞大人来此替送家傔迎候耳言訖青衣向前每一門舉手如揖引及至一炕勸余爇烟進茶此其小孫書室而學究自北京来方與徒弟觀劇去云恨未見其冬烘頭腦而座右只有一研床書弓以綉襖籠罩廳間安一椅子壁上以金字書儷文數對

乃當朝名士心撰手寫也通事向青衣畧呃喃數句
青衣點頭而出旋又入揖于余通事云要去看閨房
矣余云不甚褻乎通事云徃嘗見北京人亦無吝意
余云此是入鄉循俗耶出疆百餘里作家僧脚色而
更加一層也審其二屋制毫不差爽袤盖四楹而廣
半之畧甎爲壁環住三面濶眼八窓極其明亮用蠟
紙背糊壁亦一重粉紙只粘其縫左右設炕各自二
間中央四間井井鋪甓總之不設屏幔一房空洞意
者椸架庋閣别有其所矣屋前後皆短簷兩角截銜
如我國之祠屋屋上只葺仰瓦脊擩畧似易爻之陰

陽相錯而亦自不一也出入戶見三四巾幗露面地坐畧不回避而最其少艾即源昌號新自南京千金買來云也還出庭門見糞堆高廣可數丈餘盖苓通溲渤滾合灰塵厚搶蒸培以資培壅而方以太平車數輛委輸田間預爲春畊作地源昌號之居貨獲贏甲於柵市而力田服穡又能如此且云遣其二子仕宦中朝四民居三不已多乎旗人之勤儉皆此類云也夕後又到戲塲則劇未及演看官亦未及集余乃攝衣上棚書示其人曰西廂傳奇認非時尚亦有南北之殊而桃花扇燕子箋顧不可一演邪其人手揮

桃花扇三字悽愴久之竟掠筆爲答云俺漢人也余
旣悔其率爾而自然氣色錯愕其人又攬我衣袖子
細看見繼有潛欷聲仍問明日可再来否余答去向
凰城又問使事耶貴國幾品官余又答無品之官一
意遊覧其人又書遊覧快甚但無品官聞窈可異余
忍笑下筆云惟敝邦有之 朝廷之所不台宰相焉
莫能屈農者繼其廩匠師庇其居行賣坐賈各效須
用隣里鄉黨樂爲之使令公子王孫娶其女而嫁其
子國雖有兵不敢以編於卒伍是謂無品 也我俗以士
族之沉滞者稱鄉品官亦稱無品官其人方聳然相視若將有問時正

上燈衆商齊到促戲矣余亦下棚而立夜間觀戲又
是二戲而其裛如則一也戲罷星闌歸臥旅枕和衣
輾轉睡思三分忽有剝啄聲使人迎接則乃適纔筆
談者也余書中夜辛勤有何向幹答一見同懷暫別
闕情余意彼此鄉貫不必相知只書萬里重逢恐無
其期發願来世往生中原又答否否八方無可往處
惟貴國人福分無量時值燭跋將盡傍人坐睡徑與
叙別而去翌日早報有着車的促行余云未嘗貰車
灣人金得河曰俺已料理請勿推辭又有灣人四五
輩請同行而多卓極未安遂一並揖退只許一通事

二官隷相隨與金君同車而猶使緬轎踵來見一車前行金君云此是護送俺們者也余問何故答鳳城非俺們常到之地有官人要往則税官必先期通告于城將及其往也又使領行也余車行五里馬騾輪退鼓斜擾攘神不貼體遂換乘我轎而餘暈尚在如舟涉風波袵席艎[illegible]仍語金君曰嘗聞我人之燕行也富者必乘車〻若如斯則騎馬且勿說寧裹足徒步也答云車行必要重〻則兩輪着地旋轉有常故多載行具于後轅而亦以衣衾隱囊重疊填委於襜帷内左右又有看車的在前執馭文許鞭絲劃然作

聲則馬自調馴無敢橫逸塵不出軌徐疾兩便而今
此以公瘦輕耐過笨伯之所不能欲責其平穩得乎
漢書桶肥大者爲笨夫 余笑云馬之泛駕〻之罪邪正行間遇
一村落邊數百頭驢騾都不羈絡成行逐隊敗草殘
稭隨得便齕三四兒童舉鞭指麾似是小廝養而見
我怱嚷云高麗〻〻可知其慣於我价物色也見其
村落只是數屋而並無柵欄與皂櫪惟町疃邊蹄痕
成泥畧以蜀黍稭褁束穰秸依舊靠攤而立小有罅
隙處便已榻然矣路上連見數十車輛載烟草東來
意必消瀜於柵市中間雖日冬春來商旅都會聚散

大小之烟盃所費若是夥然況前後湊集不止爲今
日所見耶仍念通計海内烟草之費足爲秦楚之一國
之富使唐虞三代而有此無益之口業則必在所禁
乎否乎又見荷擔者以尋丈長拱把大之堅勁木格
兩端邊各施鐵鉤補物輕重絟束懸掛任之一肩前
後直亘作右旋左勞佚不偏狹路逢人避讓亦易其
服重有勝於我俗支機之本身麁大不待任物己自
難夯歸欲試之家奴而恐不我信也盖自栅門而郊
原莽濶岡巒平遠入眼便明皆同勝踐忽見奇峯矗
立參天卓地者乃鳳凰山也其峭峻骨率畧是我京

三角之比而扶輿磅礴殆不及然若一登臨則遼野瀋陽必趨眼底柰冬晷甚短亦未知城將之許否耳昨日源昌庄西北石山亦云奇絶而較諸五嶽則培塿也噫此生此眼猶可謂瞳中有佛邪山下堞影微茫者不問可知爲鳳城而隔一里許前車忽疾趍如雨似恐余行之忒追(前車之疾趍擬將先報城將也)余亦一行相戒迅速趕趁則城外閭井稍少於灣府而許多貨舖前黑牌粉字大書物貨緫名高可四五丈望之如帆竿燈樹兩傍石標各勒言無二價不悞主顧等字而出地纔數尺許此皆柵市之所未有者也下轎少歇于

三合𨁂鋪裏此則金君之交市檀骨(檀骨卽佛家檀越之意一云丹骨卽丹心白骨之謂設誓以相信云)云而所謂三合𨁂源昌號卽貨主之標名如筆墨之詹素亭針包之義泰布行亦其義例邪俄有一少年並携八箇烟盃来連爇勸進乍吸便盡遲速殆是我烟一盃頃也金君要余卽起一行外惟勸茶之少年前導步至城門又有一少年急趍先指路右門庭曰城將廨舍也從直路去數百武又入一門有丈六身僵立非天王則金剛也越一廣庭便是法堂霎見主佛輔處大小無別也盖余今日之觀乃可限晡了當而不知前頭有何奇賞故急於貪

多未能周詳寓目便已又尋別處一官隸先向傍廳
去開門便閉急〻回身蹙眉而告曰請大人勿前余
未及問而通事遽云此奴必見旅櫬来也中國之俗
死於他鄉者必斂而就木厝諸空廳以俟家人之返
葬耳官隸云何其多也纍然環壁亦有架疊者矣余
云不猶愈於我俗之畧傳衣薪淺瘞道周耶若無廳
廳何處安排地藏十王功德無量也過見東廂有數
僧坐在炕頭漫不施禮而床上惟敝渝之法華經一
弓傍有小器畧似我國之竹節唾壺而裏中烟媒未
乾此云泰西之鴉片烟筒恠哉又東迤入一小門樓

閣罩飛稍可眺望而皆施扃鐍無人照管仍直出後
門不幾武已是西城〻下衚衕南轉此卽我价赴燕
之路云也追聞我价不入城中卽豈三合歸前向南
大路而通事誤指徼巡城而北更無可觀稍東而一
門呀開門左女堞崩頹大抵城制纍甓間泥有似我
國之侈美墻垣而堞形門容亦與我國異周回則盖
是五里多少而居民垣屋蕭殘不及城外意其無市
井之利而然矣城西北隅有關廟〻制比寺大小金
像則視栅中尤魁偉雖未知何等人守直〻廬前花
木森束皆是盆種而三寸青橘尤可愛庭畔曬乾若

米粉麩屑者亦云丟禮裾水飛末也出城門東折千
餘武有大屋屹于路右扁其楣曰廣順當此云典當
鋪裹而入其門十數間廠屋充滿間架者盡皆包裹
而各其小紙標識一壁錢鎛委積見甚麁厲而執典
之捷利莫此若者農時有限不容違拗故云也有老
的邀坐炕上使少的按例勸烟前置紙筆意欲叙話
余書俺是朝鮮學生尹濟奎籍貫海平僑寓京都老
的書青田劉某二少的各書鳳陽湯生太原曲生余
問劉是誠意伯之嫡長湯是東甌王之華胄曲亦鐵
象馬主人邪三人一時磬折指謂通事曰此公貫穿

萬里外如此䳒舊知連作嘖〻聲皇明劉基青田人封誠意伯湯祖鳳陽人封東甌王南宋曲端騎象鐵馬仍問小中華氏族想應百倍蟬聯矣中國人辭令間過奘如是余答先輩諸公豈曰無事行如蕭曹德望如李郭節義如張許而偏邦國乘不能令環海讀誦況接洙泗之淵源發程朱之蘊奧者果亦奕世相望而九經箋註五禮論著竟不入四庫總裁豈其雲仍之沾溉　本朝世祿者顧何足道哉遂書贈半律一則說猶未了從余者二少年連催別去余不得已起身三人出相送頻示繾綣意畧行數十武已是三合跡前主人在門豈俟者久矣纔入坐椅上少年

之自城門隨從者告辭余始問其何人通事云城將差送用備大人呼喚耳三合毵於余無舊而促膝相對殊極款洽方勸數盃淡茶忽家丁舁空桌來三合毵起卽忙接向余安頓仍要平坐更呼家僮縷〻叮囑未知何語而蓋指余者三也自此數家丁替進一器食畧纔下箸便已撤去都不許疊設聯啖而葱蒜先之糖屬次之鵝鴨之卵猪羊之肉烹飪多方炙煎異宜其色樣之差殊者鹹淡之逈別者殆難僂指計餈餌油餠亦不並陳最後白飯進而恰是圭合米待悅口子湯數沸稀稠和喫盖每品一口而尚覺硬飽

酒亦屢換而異名如長生酒不老酒葡萄酒山東露酒是已青梅之煑始於露酒見之矣但太溫而爽味可怒也須酌而薄醉無妨也金君亦畏卓喫而各有一舖主佐之余聞諸灣上我錢之最大者以一二葉遺滿漢諸人則甚喜云故〻爲帶來五六十葉而正食且半以是告于金君金君云果生色多矣第以幾葉分與家丁之最少者爲好余遂以全緡之半屬金君爲設忽與余同卓之舖主荓然起出少頃還入視余微哂而以手示之卽有三分在掬矣余云請益乎答不敢余乃選其字畫分明肉好最完者十葉與之

彼果大喜過望余訖散步庭除有二小兒來前笑臉相向手畫方圓狀意其要錢仍各與人一葉兒卽數回傴僂不勝欣倒豈料一文錢做人奇翫乃爾耶聞廡下有聲砰砰就視之一丈夫以鐵弓彈綿絃亦似銅絲而未詳也日將暮旣又不能宿留矣擬與諸人分手三合辭云不勞相別俺當踵徃柵上夕間更會余云不宜至此鄭重金君云夫夫近在柵鋪而罵俺們接對昨暮暫還耳余云尤感感就轎且行忽見兩箇粉髑髏並肩徼作半齣向通歌響來通事云好在麼答不圖哥哥到此金君云今日哥哥來夜卿卿余

問通事云爾曾相識麽答年〻柵上養漢的余云真
箇賣笑倚門兒離城十數里余問僕夫能無飢乎答
自膨脝余云無乃反辭耶答何敢爾〻五十六器饌
食大人秖便歆饗而頗喫者下隷也余云信然否答
身在廚房下歇息每一鍋烹飪每一爐炙煎只取精
美者幾分一進供其餘稍生過熟任與從食但長生
酒不光酒小角只貯數盃故未敢下手矣余云何以
明知爲五十六器也答八廚人各掌七器故也仍想
夏間灣稅官邀余小飲使通事輩胡饌作法而器數
不能至此多也言笑之間已到柵門矣定昏後金君

來言三合彌果來到余隨金君䖏其舖裏嘗見三合號不鮮筆談忽落筆云歸告義州府尹以二斛米宣付則那余答俺非府尹故難質對第送君千里終須一別仍起與臨歧還欲無言也盖鳳城北通滿州南控大海交午互市便成要衝又聞其南六十里有開州衛濱海物富民殷比鳳城更勝而柵門則只為我國設故每過開市舖主皆撤貨而歸夏秋間咨文來去但見空炕寂掩云也竊嘗以為東萊之倭館會寧之清市猶可謂交鄰有道而若夫事大之地歲修貢幣候職是述且中江開市已亦通貨之意則若是乎

柵市可罷而燕商尤可禁矣凡我國之資於中國而
最稱緊要者實亦不以有無而足爲輕重緞屬焉不
有成川之盆紬平壤之土紬海州之紫紬康津之斑
紬牙布屬焉不有六鎮之廣布嶺南之桂布關東之
常布鎮安之生苧海南之黃苧韓山之白苧乎且又
草綿一入我國惟關北全省及關東半幅之外男男
畊種女女紡績則輕煖有餘袪麗亦足而京司之織
錦房不患不衮衣繡裳之各成其章矣金銀銅鐵焉
本自我國之土産而惟含錫鍮鑞來自燕柵然錢政
由是益敝則此其不足購也藥材焉果然唐種之不

可乏而若使陽平君九原復作則宜有取諸本國劑治療驗之術前此鄭古玉碏固己有說矧茲生貴之夭札罔不由於酷信醫藥〻不能活人者豈非千古之格言耶且金蔘之忘死射利一直無厭則日後隱憂恐不在爭桑之下矣毛物焉我國固有之而貂鼠色品反復勝焉黃鼠皮之到底賤售一經燕市之渲染則十倍購回看作別物者誠亦孟浪矣水獺皮之奇煖勁韌足冠毛虫而每年權買以資胡人之抹額乃貿其旣毳且賤未幾將鄰者尤極無謂也馬尾焉卽由於頭戹近日中州有三戹之說經中爲頭戹烟草爲口戹彎鞋爲足戹永痼而

耽羅所出若難繼給則代以黑繒還是古義也至微
而亦至要者縫線之針然使我國學鑄則豈有不成
之理也文房四友亦湖南之楮關北之毫藍浦之硯
海州之墨未始不可珍而更致精造則何遽唐製之
不若也又最可恨者各貨之售於我人皆其所云已
不用東西耳購書一款尤有難言之瘼昔之五車今
且萬倍而文氣之凋散益甚者豈有他哉有書不讀
一也但事涉獵二也好用奇僻三也經傳子史固在
所亘天地長存與日月並明而其餘不急於世務無
補於民彝者必又一經燔燒然後西漢之文可以一

治矣夫如是則已所購來者猶可百存其一况又逐
歲俱搜充棟乃已邪至若玩好珍恠之歲購鉅萬必
欲國之耗匱者噫彼市利輩亦獨何心哉若先自宮
禁而不御遠方之物 臣庶服玩非土産則誅之此令
一着勿復低仰則柵市燕商無所施之埶將不禁而
自止倭館清市稍亦斂跡而不敢悠我國之貨從可
流行於一域之內閱百千萬劫必無靡潰融洩之歎
爲民國允治之策莫過於此矣最彼洋貨不貲之害
有何指掌者其所謂緞紬布木設有絲縷杼軸大勝
於我其宗草綿織造無別奇特而以至鋤耰棘矜率

皆衣被假量一年交貿之數恰過八路寒女之出推以管子金生粟死之說則不幾李斯藉寇齎盜之譏乎外他百種奇巧尤在君子目不視耳不聽之科矣況邪教之前轍昭昭而不知所以懲吹其使東方之文物淪於耶穌之域歟粤昔佛氏之害正學寔兆於西域通路而大宛善馬大夏邛竹固無以此易彼之大關係雖漢武之窮黷若能逆覩則必不故犯矣今以己具之形誘諸未然之事者其不智孰甚焉抑又思之外夷亦人耳若自三代盛時已通中國得而被文王之化秉周公之禮補之以禪教之觀心見性洋

學之窮理格物則其不能偕之大道廣魯於天下者咸是理外之理而奈永平之際真儒埽跡萬歷以来昏衢擿埴駸〻然用夷變夏莫之挽回欲以是專咎於外夷〻〻亦將有說矣翼日蓐食而發還出栅門此時意想如雲霄羽毛鎩翮閉籠已閉之籠力難重開既鎩之翮理無更完豈直爲余今日言也羅麗時中原不設防閑我國名士有登宏詞科者有入太學遊者始於　聖朝此路永閼一帶鴨水遂作五百年鐵限奉使北京云者只亦度沃沮之廢壘見幽并之僻隅朴燕巖熱河行程世所稱近古之第一瓌觀而

長城外百里沙漠寞非漢唐之舊治西畓来一箇聖僧亦是戎狄之畀教則張皇記述適足取其博雅矣惟崔錦南漂海一事便是寒山片石然欒棘危喘又經九死江淮南北數萬里勝狀豈肯歷〻入目來也已矣夫生於我國者百年墻面迄無癡[illegible]出頭之時此余所以終日下淚沾巾濕裾還渡鴨水如欲項羽烏江者累矣時咸豐八年也

行卷

扐堂遺稿

四

行卷

丹邱

丹邱一郵館耳(原州保安道察訪衙舍在此)亦名炭邱與鶴皐(鶴皐在原州貳衙後鶴城之得名以此云)相望開雲橋介其間近因尚書學士之輩出輦下知其名豈不人與邱俱勝哉俗傳仙人騎鶴于皐至橋雲開止丹邱而升白日地亦有古今之殊耶但見粉墻朱檻種種輝映於朝嵐夕靄之間奈何前以宅神仙而後以宅富貴也

楸坡(俗稱加里坡)

楸坡當赤⿰雉音嶽白雲之交擧足回眸輒盡兩山之勝
嶄巀嶭嵲衮天爲大者赤嶽之雄偉耶嶙峋峯屼拔
地稱尊者白雲之秀麗耶嶺路多在山斷處而未聞
跬步換名如楸坡也夫杏下曰猶之桐絲旣張率意
考擊聲調激昂餘音中斷轉軸忽急悲壯兩盡也余
戱云是以山下有琴臺村

盤折山腰路線微冠裳盡欲濕烟霏名區有約孤
笻去濁酒無緣小店稀石竇泉飮淩大壑樹顚禽
語偲餘暉巖屋數轉無來處並與吾身舊我非

新林

新林介在赤白兩山間袤可十數里廣居五之一兩山南迤不相拶逼恰有周人讓路氣象一川間之林木翳然但聳農歌無譜隨意相樂於長烟豐草之際而已驛亭處其北稍南百弓而爲龍沼又南而爲蓮峯斜渡別澗已是隄川界

隄川

崇山峻嶺之南迤北會東馳西走者畢竟相遇於隄川一區極意擁護設色粧靚亦無不前短後長外高内低意者西域之懸度國體埶相似而去天遠近比之平地則半分隄之早霜夕寒儘以是歟若其軒敞

明媚於野殆亦未易覩漠〻郊原卯垤星布巧合北斗之數邑北山曰錦繡蟠據十里四面皆野無乃靈鷲一峯飛落此間耶

義林池

義林池最著於隄〻之與於四郡之一湖左之丹陽永春清風隄川俱以名勝著謂之四郡爲有此池〻在縣北十里一碧澄泓極目浩渺望之塏豁卽之危懾其大笞可十里周而泥生北渚寖以成陸今幾半之是名柳灣〻邊萬柳矮短財一丈餘木性然也池南長堤橫亘數千武一笠紅亭靠在松間扁其額曰映湖捨亭而西先得紅流

洞只是谺然一塋赤泥模糊好事者名之也又西而連得候仙閣望瀑亭振纓軒皆廢址而相距畧十步隄蓋人作而世傳鄭相麟趾所築僧義林董其役因以命名云諸亭之作應後於隄而去今未四百年已見嵭礎剩甎埋沒殘蕪暗誦凌虛臺記一遍欲與子瞻氏同聲一哭於千載之間而已振纓軒舊云築隄軍民振纓於斯聚泥成垤隄稍窮石壁呀開殘瀑倒掛是稱龍飛處但恨來值不雨未能聞雷輥見雪噴望瀑名亭寔爲此也堤東山麓陡起依俙有臺址此云于勒仙人所徜徉候仙閣之與此相對者有以也

池以蓴菜鯽魚尤名郎見粉黛瑇瑁之魚搓鬐掉尾
於波紋浪花之間而果然一種金鱗表異於衆魚之
外臺下釣者三五爲羣滔滔皆鯽魚是求奈吾儕一
日緣福忽入如來戒殺場中尚不得味斯味也蓴非
一池之所遍有僅占緣柳灣處方圓數十畝正看綠
葉貼池蓋與菱芡一般而枝丫無所依附直聳水心
氷絲嫋嫋清液欲滴香滑婉嫩無以名狀食法入湯
水一沸篩取俟冷蜜水和調以五味子助之而是生
於楝花風後盡於黃梅雨時抑江東之千里蓴美別
有一種宜於秋風亦下鹽豉耶池陂艤一茯皮大舶

艇恰好與詩伴酒徒歌妓共載盡歡於月之夕花之晨雪之夜不識隄上諸公能餉此樂乎否水過蕁田以往幽黑無底直欲窺溟渤而致尾閭俗傳老鱔呑牛投絲量深等語不妄伊確矣

五月林湖賦遠遊孤亭引客水東頭曾窺碧海從何極獨厭紅塵不肯流如意蒼茫驅疊浪有時幽軋駕片舟而今秪爲龍飛盡漁釣尋常到夜留

祖屹嶺

祖屹嶺秪是界隄越之一大峙也舊因石壯太守羅歸之作慣誦其名而渴欲見顧豈非地以人美耶吾

欲酹之地而一賀

脚閒峒

脚閒峒更高於祖屹幾丈左右絶壁恰有兩脚不閒之勢地名亦用反語耶西江一帶抱山趾而東洄峒之西曰良人驛山窮野闢百室肥饒且見一區書塾讀聲可喜也

清泠浦一

余將適諸越祗道清泠浦爲諸勝之一而排日計程迫曛當過擬欲歸時觀覽矣纔渡西江已見石山巔立削成峭壁望之自然使不得悠々泛々着稍近人

語人歌壁爲之響漸省碧瓦朱栱隱現古松間茫然
不知正是何等處乃有如此屋遂不覺改初圖而徑
造岸艤輕舠恰剌數篙已進矣緣涉稍上猛見清泠
浦禁標五箇字勒在短碑前面暗暗思量道禁標字
當是尊嚴地取次見曩所云松間朱栱處在中央矣
始乃鞠躬趨詣攀青瑣而啓視八尺貞珉大書曰
端廟在本府時遺址而填之朱砂嗚呼清泠浦故事
前輩何不以告之我也豈或旣告之而頑鈍無狀置
之坐忘耶蓋前輩隱痛難忍不以告之耳環閣八面
萬松園住四時朝暮悲風泠泠一水灣環渟滀不去

地形恰與熨斗樣相似余偶得一句云凡禽聲盡不如歸追翥李醉松遊越詩有百鳥聲〻皆杜鵑可謂意思一般還欲渡水來忽見笨夫騎牛過北岸行中一人連呼胡不下彼乃顚倒下牛再三謝不知而去於斯足見野人之誠

年〻風雨暗朱扉惟有寒松長十圍到此行人偏駐足凡禽聲盡不如歸

清泠浦 二

清泠浦之感人有如是夫還過北岸百回瞻望彷徨不能去畢竟櫂船更進數朝晡中間亭有景物之殊

石山峭壁始於越人談次知以劔閣名因此諦觀境
亦邀人曼處宜鐔急處宜鍔年々愁處劃盡幾人之
腸越中山水多仿蜀中地名倘自景泰年前已然乎
否

莊陵 一

余嘗歷瞻　珠邱前後凡七八所而輒寸丹攸激甫
敬先之今而　莊陵初覲之矣恰是七可八々可九
而夫何別様懷事觸境惹來移日徊徨於松風石靄
之時若有綳膈未泄之哀也雲間覓路恐逼　衣冠
月遊之地自然左下彳亍屏息巡除恰見羣山萬壑

環拱三面箇〻似甫立千官拱笏拖紳徃〻有林韻
鏗鏘鳥語間關效作鸞和磬蹕聲也

莊陵 二

莊陵竟禪時事百年臣子鑽仰靡極畢竟下一語不
得而五月行人澡面濯髮於清泠下流徑取細橋徽
線東北投五雲多處去忽見一環清湶靠山趾而淪
漪者景液池也敷椽虛榭倒水面而隱現者拜鵑亭
也遵巡而北戛過郎舍梢見四區壇壝井〻位置於
紅箭門傍祠屋對起其右用蔵祠板盖取一體君臣
祭祀同之義而六臣諸公暨朝士之腏享固其常也

至於宮人盲宦軍奴之鬼而亦云不餒猗 聖朝旌
淑之無闕也清人葛鶴題方正學祠云燈青史濺孤
臣血月黑壇棲十族魂爲一朗誦不覺體粟如栗也
仍念吾家少尹公七父子精靈亦當於是乎翔徉而
體例攸拘有異於私設之祠院一炷心香不能展誠
噫直趨十餘武有 御井曰靈泉刻石紀實云尋常
水涸遇寒食輒湧祀訖旋枯今旣見其涸矣欲趁明
年寒食來一見潢汙之效用也

莊陵 三

從拜鵑亭抱山東回迤過十室村路逢一頭陀折幔

幢余問普德寺何在頭陀擧手曰隨我指見之長松
充柳間午烟如霧耳果然纔移幾百武已聞屋角風
鈴鏗鏘流韻次見周唐二將軍夾道對立入門〻壁
兩扇畫羅漢渡海像及登鍾樓有二耆臘頂竹弁而
迓拜一名戒行一忘其名而皆余遊覽社時住持兼
能述吾 先人負笈時事握手愴神不啻若他鄉故
友餘外彌漫釋子皆落〻而已方丈内茶罷余亦隨
衆去拜聖賢叅菩薩出門數步祗與二耆臘叙別徑
取屬庵去路山石犖确行遲微黃昏到寺蝙蝠飛我
亦不害爲今日昌黎也庵名棲夢者 端廟在禁中

時夢嘗泣此因以名吁可異也余坐雨花樓對僧共語率皆寒山石衆僧說法到是生公石〻之於僧何相襯著豈僧以石佛爲鼻祖耶庵下卽溪之濫觴而緣溪數里有水碓四區多少濺沫恐無閒漫流去時

現世因緣古佛知淸溪導我入禪時松間石氣雲俱暗洞裏鍾聲路不疑當日　君王勞遠夢秪今刺史揭新詩　珠印千載長鄰近梵唄無端聽欲悲

拜鵠樓

拜鵠樓彰節祠之門屋也德五難於余云旣以名亭

何更樓爲答子知壇而又院之意否　朝家奬忠而祭之壇章甫慕賢而享于院理雖一串義則兩般之亭之樓亦合如此者二字扁額似是借用老杜詩語而意更功於創造顧越中人士院享之餘酹侂老杜滿滿杯酬了一言之助

我東名義地君子死於斯壇壝猶不足諸生俎豆之

子規樓

子規樓舊名梅竹樓與觀豊軒相通軒奉　仙寢樓揭　御製若其故事遺躅固不敢下筆但見重樸累

桷翚革尚新墻陴門譙堅緻無缺繞軒樓四檐數畝
之地皆鋪碧莎明淨可愛也軒之譙曰白雲樓之門
曰明月西有望京樓
紅紗半壁淨無埃惶恐　宸章讀一回樓畔斜陽
人不語　莊陵樹色最先猜
錦江亭一
從越府迤東沿澗若干步路盡江鳴小彴㪉危繞有
石磴間微線詰曲攀援十尋許始乃遷路庚横古松
下點ミ遊人倒影江心去了已見山脚結趺處雨雨
形桂輝映朝日是錦江亭也登之詩板崴巍棟樑爲

之隱暎中多名章迥句而頸胝勞甚不勝讀因念琴
中遺韻盡在乎峩〻洋〻之間何苦調絃轉軸為也
遂見錦水一帶綠漲溜〻如全疋秋錦極意渲染獻
碧流青態色均停始知古人名物之無虛水到杏亭
南畔始與西江合流蓬萊遠色真個浮来若會得藴
仙本意便已另置合江樓一所而奈風氣益下騷韻
未到畢竟乞與嚴家占菟裘也余今遅造竹所不無
意想而狼藉蹈襲天機已死丈六金身詎是真佛故
從此亭頭遠〻望耳松間道人偃蹇經年知者以為
奇偉不知者以為頑率此非黍華之善喻乎屛後佳

姬螺髻半露巧者謂之窺人正士謂之避身今於會稽可方之矣餘外萬象四時異而朝暮不同然一切斯亭最好雪後夕叅看

錦江亭 二

將下錦江亭也罄彦引筆欲題名余揮手曰墨涴毋楹恐不祥每見遊人遇一勝境爭尚題名鏤板刻石大者如椽壁無空間今古相鐕此人定墮刀山地獄且古来名士孰不遊歷山川而藉使人〻鏤刻畢竟火燔落食同歸磨滅何嘗聞稽山禹穴尚留司馬遷三字耶萬古所可恃者竹帛而除非大節烈大功德

姓〻有紀其姓而軼其名者錄其名而失其姓者姓名俱泯只載其言者況今楹間墨痕之隨手渝獘而此猶可恃乎子欲爲不朽之計則秖有卓異之行冠絶之學而亦未信夫同文之域讀我東國來如我東之讀二十一代史耳

虛庭一步補餘閒怊悵韶華若轉環始識階前眞萬里除非海外有三山江聲揷入風情裏石氣移来笑語閒那得他生〻此地百年嘯傲不知還

愍忠祠 在錦江亭落花岩傍 當竢更詳係于記下

落花巖

落花巖一名侍女巖〻下水面如鏡遠山眉弱柳腰箇〻畫得貞靜姿態雜花宜襦細草宜裳環佩釵釧依俙浪蘂中風頭急湍時作歔欷不平聲此時遊人雖復鐵石作肝能不魂斷心死哉衹有殘碑一片粗表遺蹟何不移栽松竹各一枝以示貞心苦節之如許如許也稍右又有表石就讀之曰越妓瓊春殉節處妓即李明府萬恆愛姬之不爲人撓屈者也忠烈同一水豈其偶然

永懷當日事慚愧我爲男綠恨消難盡千秋水滿潭

蓬萊

蓬萊去城東可七八里余云三山咫尺神仙庶幾遇盡徃觀之府吏嚴應瀟止之曰瑤州死而琪花老日見樵者成羣石室之斧柯不爛耳因與大笑而罷

白覞

白覞在府西五里自登祖屹嶺一半率皆赤壤碧石而獨此覞沙磔俱白得是名

由太華踰水羅峙至綠礬記

當余渡錦水也綠礬洞天已欲冪霞頭上如畫竹石者之纔展生綃便覺肝肺杈枒及入太華谷口也一

源之澗而曲折還涉者凡二十二度每遇高峯峭壁
澗輒爲之幽勝或澄泓而成潭或犖确而斷流其趣
殊不可槩也兩山對峙不甚高低亦不甚廣狹視天
形皆一匹練若語土人曰天如笠子土人豈信之哉
半路有嶺曰員窟東言謂太守爲員轉字釋以窟而
舌稍轉蓋想話本之有由而其驗亦可知也終日行
乎山光水聲中一人耳目殆將應接不暇遂忘綠礬
之在前不及二十里天已曛黑矣孤店午晡之間遍
閱冷暖人情而胷中夷險秪可順遣曉發行人忙趁
朝烟之未起進進山巔其奈路盡壁立也崎嶇嶮巇

判不讓乎鳥道特未一千里耳余云從此言人經厄
當日踰盡水羅峙行伴皆捧腹也遂到黎木村中間
踰澗之多不減前度稍見物外田園不害爲小桃源
恰又緣一崖過一峙果然洞天別闢直欲泠然雙擧
祗道是三夢腹中若其水石烟霞並記在心不可與
俗耳傳聽

我與山俱去山窮我亦休滿身青靄集終日碧溪
流連得入雲天更遠坐石澗初流語聲沉壁靜衣影蘸溪流等句未知誰相甲乙半世曾
何事今行始遠遊洞天三十六次第在節頭

清虛樓

酒泉舊縣也祇有清虛樓巋然獨存登之青羅帶碧
玉篸滚做一樓之勝十里桑麻来朝東榮恨不携顧
吳畫厨来也問社人酒泉石何在因指樓邉敗石只
是頑然一片扛之可夯而已同登諸友勝稱斯樓結
構之華余云山水擅勝未必藉樓觀而一有樓觀適
足以累山水俗子者流兩眼如豆每遇山水勝景輒
皆朦然不省及見樓觀屹然始乃抵死攀登仰檐巡
檻較丹量碧至如仁智之樂固未始及焉何苦置樓
觀於山水間留與俗子樂而反使仁者智者失意逡
巡於墻壁之外也咄咄吾人欲借鶴樓一槌遍碎了

山水間樓觀盡矣從余若青衣忽瞪然曰槌碎不得槌碎不得此樓上面虔奉 御製詩律耳有宸章閣在樓東偏

潑眼烟光活畫宜瘦笻嫌却到来遲江橫遠客憑欄際山出佳人對酌時歷盡名區還有此營成飛閣始為誰酒泉最是虛靈語石摸糊便不奇

松皐記

巖生之不覊而秪一掾吏耶求若人於士大夫而不多得奈江左餘風迨我東而遒局也越州形勝置之門庭而其自歸也不以蓬萊不以會稽太學不以錦江羅淵烟巖岁以末擅勝之松皐為顧其意可恕而

不足奬也皐在鉢峯之下有松數十株扶疎成蔭主人實靠而家之其或即目而強名之徼抑一鄉之所已道徼要之名不播於遠通者較矣豈主人世與相違匠心益巧寓平生於二字樂以是而沉冥耶夫葆光之彥抱石而求其珍大言之客見粟而折其理予獨不見夫蓬萊是一卷石而錦江是一勺水而松皐之皐其高無上其大無畔耶上智隱於心其次隱於身最下之人身心俱露惟炫燿是務畢竟死於名而不悔者相屬於千載之間以子謂最下則未矣子將隱於身而巖穴庇之乎隱於心而卝朴韜之乎不相

待乎砥礪予必有所好矣既已知其人又究松皋之
說而得之遂爲之記

醉中口號贈松皋嚴應濂四首

適來聽黃鳥求友澗之隈徹甬吾還俗高名已灌霤
卜築蓬萊下神仙果見不澗聲孤榻冷雲影短笻浮
吏隱君非拙詩緣我自優不堪聞杜宇春盡到斯州
榴花初發我來時笠影棋聲種〻宜山水名鄉緣不
淺故留一語主人知
遊笻強恨到將離山靄江霞面〻思雨後星稠宜此
夜燈前棋散定他時身難得地棲〻久語欲輸懷慰

厭遲自是知音千古曠一張琴韻轉悽其
東行卷成正肴樓面方塘藕花新鮮欲將已
滋之毫摸寫出来特想淺漯其色紅粉則有
而末可奈何者香也晨夕烟霜畫家難之然
畢竟意到筆亦到而惟聲與香超乎色相之
外纔有托物句引之法此亦苟且塗抹耳畫
莫工於顧吳倪黃而反不如今吾摋筆之工
而又工嵒使向者之吾而早知吾摋筆之工
而又工則東行卷並已摋筆如藕花之畫之
工而又工矣吾以追吾悔題是卷曰藕書

立秋日賦五古一篇奉寄越中行伴

今晨秋律至清商發古木玄蟬流晩響亦足當絲竹
炭裡無朝暮睡美繩床伏故人來入夢容音澹於菊
語笑若平生悅爾欲沾馥蘧〻如有失移時空曼睩
赤嶽雲際出扶輿鎭坤軸先輩好風度斯焉曾卜築
孔李修道契朱陳講婣睦我答歲龍蛇負笈松毛屋
騁辭誇博雅蟲豸譜萬族一別滄桑改十年窮途哭
相逢亦有時悲膓軋轉轂蓮社招淵明前後頻累牘
生衣不嫌煖榴夏出家壄旬日入山味蔬果勝魚肉
薰襲臭蘭室縕衮傾玉櫝況乃無簑句初來聞鄭谷

諸公盡清雋鸞凰非家畜洪厓未拍肩自慚無緣福
三夜紅露洒聞雞始棲宿東南多山水霤灌亦孔夙
快意放竹杖前路信殘僕行伴叶四皓特来髩髮禿
仙蹤杳冉卬龍氣倒銀瀑蒼梧帶雨色草木猶膏沐
杏亭想蓬瀛錦樓咏霞鶩太華似句曲洞天三十六
赤城時建標餘靄含英郁飄然擬長往是處仙書讀
歸来寄薇簷何以慰幽獨可矣宗少文卧遊披畫幅
記述累千字纚纚不盈掬殷勤把似君聊備奚囊蓄
大抵石蕖生行筐以爲腹用之藏五經不能消水穀
年年食破硯玄緯来煦育其大盖無量矣但容斗斛

其廣亦難涯莫可受杼軸其高何岌嶪其深何泑穆
其響何鏗鏘其色何歷錄其意何眞率其氣何磬甬
若不合時宜彳亍行震陸逢人人唾面不拭還誰讁
牽馬謝專衙驅車失輪輻傍林遇夔魖登高振虺蝮
旣未學稼圃何能混樵牧歲寒資片縷田荒無半菽
馬卿卧茂陵蒙叟遊濠濮愼言宜緘口公案是閉目
青白雖黃地身名易汗衂余實不思量古人已干祿
明時應選擧人才多如簇劒佩趨禁班鍾鼎飯公餗
文武各效用芸芸大化囿薄蓺斗筲大便皆自衒鬻
出門動有獲巨細影響速比他窈窕娘精粧着袨服

玅舞春風前華筵振香轂亦如得地花蓓蕾經霢霂
鮮笑無鮮語鶯燕不敢䟫無令燕趙士坎壈老歌筑
亨衢須穩步雲雨豈翻覆榮枯固有命第從詹尹卜
密雲自西郊厥象著小畜利賓雖在前疐跋未遂々
媚容雖有意骯髒難粥々氷蚕與火鼠翔兼昧寒燠
所以割脚禪說法長匍匐元龜不相誣天必欲汝鞠
我聞重卿々占辭遂三復先生真善解吾亦講之亂
以茲悟一生反省無歉恧繁華即浮漚起滅在忽儵
厭就唐舉相肯向霧祠祝文章悮人甚追咎更於孰
長庚一方孤無賴光燁煜猶幸冠童甫百年免鞭扑

未忍焚筆硯提携還桃䴏鳴鷺與爲期偃蹇湖之澳
尋常坐抵曛林氣轉清淑朗吟白石爛駈歸新長犢
愛月眠不得空棍飛蝙蝠小婢畧會意烟厨新酒漉
誦詩頻健忘強起搜書簏寧歎管仲貧氾鄭皆鮑叔
爲文延窮鬼〻應識貪黷勝似沽名人鶴伸復鼈縮
明年烟蘿去全家靠林麓琴材栽桐茶紙料移藤穀
松楠檜杉柏櫧栩杉橡槲庭除列花藥隙地種蘆菔
課兒第一樂朝日殘書曝生理問粱粟三春聽鵠鵝
飽來無餘事徃與友麋鹿濯足漢水源淨盡泥蔟〻
紅塵飛不到好是川嶺複蓋聞桃源內岩峀愈矗〻

誰將携手歸請君休嚬蹙知己捨我誰已具浮江舳 卷中所云杏下卽崔友光河清一德五卽崔友允者馨彥卽李友秀明皆同時行伴而青衣卽書童張壽業也追錄于左以補讀者之聽

下江卷

家驪江上入京多由水路此作尚云晩矣而感時懷古爲多間又有船謎惟知者知之每題係于下則亦節用法也 附自註

白巖一發丹嵓望棗葉棗花灣又灣 丹白間有棗灘 京國年年何事〻膽頭白飯夙相關 白巖

從教榻影迎來客惟有鍾聲似去年 藪寺攝之洞樊 現在華

巖餘半劫成虧應復萬千〻

甓寺

吾鄉山水似情人百遍相看百遍新況乃驪州稱絕勝聲名甲乙涓江濱（堪輿家以驪州平壤春川稱三大地）

州城

燕子灘頭燕子回吾家燕子亦應來喃〻似管炎涼變何處珠簾不肯開

燕子灘

度盡楊花又急灘（楊花津名）二陵餘翠轉孤山自相不辨聲〻鴨誰作歸依聚一灣

普通

水到川寧（古縣治今稱川寧白厓）鏡面平緣江樓閣最聲名有多

洪氏別業

秋風先在婆娑國（岸北五里有婆娑城古縣）壚上何人一笛橫

白厓

風帆直擬凌雲賦烟水平分漢廣章病客歸舟如夢
寐只今詩草半消忘余於甲辰夏賃舟馱病次紫津遇雨得首聯二句今其詩艸散
軼故云

紫津

灘聲過兩鴻如爭此使倭兵一夕坑灘名曲灘西厓柳相公與倭火
戰于此大破之仰德而今餘數屋誰家曾住李完平灘下數里有仰
德村即完平李相國舊基也

龜尾浦

汀沙歷亂度篷牕慘憺峯陰又半江滿刺一篙重整
立此間生老色猶儹

西灩

鳳儀亭畔是漁磯往事吾家愴夕暉傍祖晴峯相公起亭于此鳳儀
即其額也江上數里有公墓子孫世居今凋散殆盡故云追述瀆陽風土記庚寅

首夏麥魚肥 濱陽楊根古縣余於庚寅江獵于此故云 盤渦
太虛樓下懶回舟此是童年某水卯 余於丁亥椽家濱陽時余未冠
多少漁人慣曾識如今相對恰霜頭 葛山
蟹燈明滅似當年和尚巖前秋月弦漫浪人曾書種
子紙惟緇畫李家烟 余於己丑庚寅歲讀書于李友善長家 號灘
齊力撐篙死不違天旋地轉竟何依回頭始見波中
石水亦喧爭本性非 大灘
滿潭山色立須臾藍碧東湖活畫鋪終古詩魂招不
返何人文祭鄭樵夫 詩人鄭樵夫即呂氏家傭而有東湖秋水碧於藍白鳥分明見
兩三柔櫓一聲飛去盡夕陽山色滿空潭之句膾炙人口其歿也呂氏爲文祭之云 青灘

天橫疋練月溪村半壁年年水過痕蜀黍編籬壚面障冬春風霧晝昏昏

月溪

水去處應消酒價帋岩纔過漢山青舟過月溪已望斗尾兩岸相制如不可穿過故舟人到此輒問水去處賭酒以相戲帋岩在斗尾北岸過此始見漢陽諸山拍岸風濤生不怕今宵準的石湖亭至此日稍晚則西風輒發不能過斗尾每歇泊于石湖亭下夜半解纜

葯坊灣

炭圻郊平二水流白鷗飛晝荻花秋上江舟子風情發沙嘴紅樽緩夜愁歸舟到此輒有優婆持酒相待而味淡價高舟子輩痴不自覺輒留晝懽劇醉而去

並灘

舟人慣說丁承旨現世坡翁譽不虛又是徐家園子

好中年易主姓仍徐 丁茶山園亭在此又有徐相國龍輔別業今徐奉朝賀有契買居而文章富貴一時擅名 斗陵

三時叢集載柴船分院監官管稅錢賸過青天知不敢淨瓷燔畫 御廚傳 分司饔院在苕川南五里每歲燔瓷以供水賜故差監官征稅于柴船丁酉山云青天字更好近日燕市購來瓷器有名雲破青天椀品絶奇 苕川

鰐種何年荳葉麤 壬辰天將過此云今鰐魚大如荳葉後五百年必有吞舟之患 過江猿哭淚應枯 蜀猿至此輒哭以其地類三峽云 衣巾濕盡蛟龍氣傍岸人家計太愚 斗尾

蕎花一望白茫茫 山棱桃來綠滿筐 山棱桃我俗所謂楸子以其土宜也故每秋浦童摘取售錢于過船 椹熟曾投唐將苫 徐兢高麗圖經東人以小島為

苦音閔知吾一歲半江鄉余於五月舟宿于此今又經過唐將畠

穿林一衲濕雲嵐鐘磬風微妙寂庵庵在岸北十里時有鉢

攡來倒影人家臨水對三々餅潭

斗尾雲溪曙色殷盡情青黑廣州山魚苗水發揚舲

去滚到淮陽八月還下江人往々以漁釣為命苕霅浮家到底可愛平卯

先輩勞瓢賞醉吟李膺舟外屈原沈文章證契成千

古梅鶴眞憐處士林李太湖蔡湖洲嘗等皇于山南北月夜共泛蔡公醉仆于舟外李公手持二腿呼韻要賦即應聲去但識酒盃淺不知江水溪舟中李膺在何患屈原沈此足為千古雅事夢烏亭即太湖舊等而能七世相守今李郎叔鍾彬身分卑騷故末句及之

溪陰

風舠欲罷怕緣渭酣戰雙牛抵死癡時值牛鬪移舟廣津薄暮

無烟啼水鳥千年老屋遁村祠麗末李遁村集書院在此 蘆灘

古木層厓石氣秋寒江臟碧使人愁今來指點龍畊處尚憶氷燈上酒樓昔年冬末過宿于此酒樓上有氷燈大於羊角主人言昨夜江氷數畊許色片片裂破是稱龍畊余問往亦有是否答云若值龍畊則明年必大熟故江上立祠虔禱名曰龍堂今此氷燈取其一片鑿成者也 廣津

紅魚上市酒盈缸一碧門溪老柳雙一碧門名鎮 桑柘風

前恠腹飽歸舟夕趁沈清江 松坡

舟子先催理客裝江兒逐利趁船忙米艇茶舶至此爲罨岸收則浦戶輩攔入以先經主顧爲能事一塲熱閙之傾商旅在舟者有遺簪墮珥之歎故云 林葱半是

錐力競儂亦前程綺陌長 轟苫

長湍行卷

偌大行程太不閒要之每歲閱千官此中來去無窮極回首麗朝指一彈　白石

升平資甬幾年閒懷古曾經李懋官戎馬如今虛擁蹄蹄閒錦石爲誰彈　碧蹄店

跟蹌步法返嬰兒爲是催程夕景追止處無論何許店燈前事業最堪詩　樊修院

頂天人盡自男兒於事休須徙蹟追東國山河如是窄能騷不賦鴨江詩　坡州

潮打城根江可憐祇今鼓角晝如眠赤壁東坡名底

意人間無處訪蘓仙 臨津

當壚生理極殘憐餠酒周旋夜不眠着眼炎凉關係

小零金教我坐如仙 長湍

半霎安危任一肩篙頭風浪白連天定知秋浦此相

似合有其間人姓錢 還渡臨津

遠征難道客愁新纔有生來便一身飯處伊飢爬處

癢百年由我不由人

蒼茫一峀入青冥侵夜攀登欲蛻形江海逍遥堪設

誓十年吾有杖頭銘

花石亭夾江氣眞看来還是夲情形林箐帶得千年

意徃蹟邪堪塵壁銘
且爲風光半日畱百年如是我無憂一天西北蒼茫
路支馬何人去不休
浮生無理度身三修鍊猶然鶴末縣流水聲中人老
大鳩節随處是雞龕
細柳
酒或生情兩逗緣歸心孤負菜花田將身還作形家
役通計今行半墓阡
閒將半榻較全房獨卧方知似許凉從此奚囊添故
事詩才未必擅緗黄
醉眼能爲老阮青溪山何處不宜亭京華向入東南

望驛路初回四百零特地雲嵐鞋底出滿江風雨夢中聽碧蹄節候堪成卷店外楊花半化萍 高陽

去夜天文動少微山裝叓似脫重圍清溪過雨魚之樂疊嶂千雲鳥不飛如意香甜何店飯與身寧貼舊縫衣歸來悔却盲人笑回首吾園月在扉 綠磬

松京

松嶽並今而三見之矣昔年白雲臺西望萬朶芙蓉出水亭亭前春臨湍道上又見千馳掉鞅向南奔潰今日吹笛樵忽覺天柱北傾而纍然疊石齊力撐柱

噫五百年國都非此無以鎮之邪十里東郊風沙漠

漠路右夕遺愛碑去思臺皆當朝所竪等塔刼苔封寺墟石立足想勝國宗風依山處往〻樊圃井〻大可周之百小亦不下殷之七十此云府人蔓庄而每輒半畝環堵茀着爲家餘外童岡濯阜栗樹扶疎及到橐駞橋南畔城都全局洞豁無隱東北角丹雘崔嵬此鄭圃隱書院善竹血痕豈其處邪橋北閭閻對路茅茨瓦甍一坊渝舊而壁泥和甎齊檐後已短〻貞珉尋尺相望者皆三綱旌表也總之若袁石公所謂夏行如秋晝行如夜者懷古人情今昔伊然而居人之男輒簑笠女皆擁面素帬亦頑民餘習云此過城

譙始見闤闠攦列而類皆燕市東西路折而西濠塹
東注城内屋脊可窺不過千餘武又皆荒墟而已畧
行七八里嶺路漫然葢云南門舊址而敗礎剩瓦今
不可見

青石關歌

古人穿過青石關今人穿過青石關〻外關内石皆
青〻石⿰齒川〻今古閒一路東漸西不盡燕槎海節遞
徃還褒斜子午知何似險于棧閣皆愁顏介在畿甸
陸海交化翁於此工秘慳秦鞭故涵滄津駕禹斧只
及龍門山隋廣之暴唐宗雄當日懸軍不敢攀萬口

同聲東土人尚訛王家丙子艱白日龍胡捲土来塘
報恰喜烏鵲閒幸而巖廊無遠圖不然那得售其奸
獨我先為黑龍慨猖獗莫道島夷頑島嶺失籌咎有
歸無岾　鑾輿幸龍灣若使此地重關設各授魚鑰
固扃檈一監門可當萬夫武士豈待強弓彎金川以
西腥塵斷從此　宸憂十分刪天定勝人况有理二
京克復如轉環桑土綢繆不此為八年毋撊無防閑
近聞宰執獻新議美蘿以是修城闌更顧百雉ゝ百
人餘外任渠青嶂圜千世升平又萬代清溪遶闌長
潺ゝ

平壤雜絶

十里長林千萬樹因何皆病〻猶生自是西京遊冶地年〻管盡別離情

着甚来由若醉昏半生初見大同門羨他不覺繁華夢平壤居民子又孫

潑眼春江綠滿瓢人間朝暮但空潮〻頭事孰紛忙甚汫澼餘波上桔槹

大東幅員三千里天以風烟屬練光未必笙歌方叓意鄭知常亦冶遊郎鄭知常浿江歌有綠窓朱戶笙歌咽畫是梨園弟子家之句

長安城剌先天蹟阿達山呈太古愁白馬朝周曾見

未多生身白是汀鷗（長安城卽今外城高句麗平原王所築阿達山今九月山檀君登仙于此去周頌云我客戾止亦白其馬）

三千年國更誰能秦楚山河也未曾不管興亡惟檀勝天生甲乙是金陵（檀君箕子高句麗皆建都于此各享國千年）

明滅江光粉堞邊每從凹處一軒然魚龍若見窺時我應道雉千人亦千（我東雉堞之制皆凹凸相對）

永明浮碧清流壁（壁以青石一氣陶鑄臨江橫亘大七里永明寺浮碧樓皆在其上）

區別爲言也太煩縱有形家移換法臺如最勝始堪論（最勝臺在牡丹峯下稍與寺樓相遠故云）

幾家籬落綺羅邑如許風光管一生飢飽關情還俗

耳暮来烟火餇春畊

箕封漸海〻無邊東土人文萬〻年憐爾遺民仍後裔外城春雨麥連天箕子後鮮于氏世居于外城

重〻禮謝西天佛度脫吾生便此邦現在甲寅春暮際兩聲攔住大同江

弘濟院侍寬永僧

山水夤緣不計程矢他節屐與爲生辛勤穿炭人何處一着低吾坦路行

白石途中

吾邦三面海周遭西盡龍灣塞叠高憐殺生平壯遊

志一千里去便應消

見嬌兒書懷

人間骨肉爾能存（時在松衙任所）經歲離懷取次論送盡全
家賓漠去至今絲縠若忘言

善竹橋

王氏山河一夢空綱常寄在鄭文忠丁寧指證糢糊
血不爾公其浪死同

平壤滯雨

三年重過練光亭依舊人烟萬點青春雨逗緣仍按
例牡丹峯下謝仙靈

亭上讀長城一面溶〻水大野東頭點〻山之
句仍分韻賦短絶
闢洪荒後萬千刼愁雨愁風江水長樓上遊人還悵
立滿船明月屬漁郎
半霎中間萬古情春風客在樂浪城醉来快讀天然
畫八疊環〻水墨屏
仁風箕子國無雙異蹟東明王第一而化無爲太白
神我東剖判充之日
明鏡臺前春可憐夸娥雨洗千年面誰將萬雉忽兜
頭粉白忽〻来倒現

雨氣橫江〻色如白茫〻後綠溶〻沙頭點〻行人
散一瞥長林抹翠濃
多少紅娥怨且歌人情不及綾羅水乍雛還合綠無
痕地老天荒故如是
粉字蔵蘂錯古今幾人詩膽如天大溶〻點〻金黄
元我欲傳盃延上座
亭〻萬朶不勝尖鼇背浮游環大野時有綺霞點綴
成江中恍若回麟馬
我何人也今何處家在京城東復東但令此脚無休
歇不一年應遍域中

登樓賦裡漫添愁一事無成已白頭明日又將天際去統軍亭下愛江流

坐來心目太紛忙一羽一鱗隨指點乍倚長瓶夢故園錯教蘿月窺巖广

人間止岩我而已眼目不離三角山現在親朋韓學士才兼文武鎮龍灣

望宸樓次板上韻

年光如水岩灣灣無恙三春去復還笑裏紅粧能漢語愁邊翠靄半燕山腥羶未洗千年際渥澤曾霑萬曆間不謂關河迢遞甚夢醒猶是故人顔

天涯一別夢常回舊地何料好抱開老去豪情餘酒榼閒来雅謔倚粧臺盆魚有水還忘本樑燕来春各盡才労草人煙生悵惘韶光與我日相催

統軍亭

半年非久旅凉簟一身安擊劒英雄老登樓宇宙寬胷襟人異代關塞甬何官頭戴 皇明日遼山酒後看

過百祥樓

幾折南爲幾折東〻南奔走路難竆百祥樓下重回首煙樹籠青細雨中

灣妓楚雲旡妄在逮詩以代訴

課日歸寧舊例存癡情非敢獨云云秖緣女伴華昏去枉被晴雷殢暮雲

登降仙樓

貧賤驕人五十年也將名姓掛先天如今許我樓頭坐方信多生謫降仙

而月初升妓亦從樓頭樓下恰相逢(妓妍梅不速而至故云)於焉大笑臨江立十二峯為廿四峯

與族叔用則甫(亨善)共賦

無賴羇窓日抵年况兼秋意兩如烟吾家閬令今相

見曽是先天玉局仙
靄窓仍是蒲江門杯酒敦宗欒意存士也行休皆達
觀木無榮悴竟歸根燈前事有今年感霜後風爲此
夜溫南國征鴻天際盡踈星數點枉消魂
夕生堪笑又堪耆本不相期有此遊天外逢君鴝鴿
舞人間何世鸜鵒褭歌兒去矣餘残燭酒客居然倚
晩樓撫枕預占來夜夢寒花料理故園秋

和贈知府族兄 正求

綺紈繞座惜残年懷緒蒼茫秋柳烟虛對高唐賦未
訛朝雲去作玉天仙

送人歸平壤

四海相逢賴此行自憐天地一狂生幽期汗漫秋將
半霽夢支離月又盈勝狀如今須管領重遊吾欲趁
句萌箕京幸與仙樓近雙鯉應傳別後情

步月過昇仙橋淩波妓忽至

漁火江星忽歛光昇仙橋際月如霜清歌何處雙〻
去侂是人中引鳳凰

贈妓妍梅

寒梅無與妬嬋妍字汝先春也最憐除却林逋猶可
配西湖雪月似當年

贈淩波妓

從君借襪度西泠愁外秋山萬點青不問猶知腸斷處夕陽回棹水仙亭（亭卽前知府尹秉鼎所搆而妓亦其所眄也）

醉吟

生老皆於貨色間滔滔慾火悴朱顔囫圇一説論人地深淺無分夢覺關

小玉卽府妓之號蕙裳小史者也年方十六頗有風格亦又喜從余遊故詩以戲之

十二峯前二八娥纖腰無力襯輕羅名花剛半爲人折獨也幽香奈爾何（十二峯在降仙樓前沸流江上峯名亦畧倣巫山）

雲雨無情奈病身一天魂夢淨纖塵燒香每禱樓前
月許作高唐賦裏人
終夜琤鳴玉指環吾人一去也無還鞋聲衣影皆虛
事不見纖葱理碧鬟 戲留指環故為指環語贈之
任佗年少恣情歡紅燭清樽此夜闌獨閉閒房眠不
得惱人心緒月華寒
如烟似霧夢依俙乍拂情儂半垢衣錦字不來知有
病〻應緣我〻安歸
風撲殘燈雨打簾羈情如縷出纖〻較君病裏相思
夢一樣新翻刮骨盐

我何爲者果無因波盪風飄一葉身在處只堪消此夜鏡中山水畫中人昇仙橋步月蕙史亦從故云

代蕙史答此下只書答字从省

究甚家聲喚做娼芳年二八始迎郎頗侘佛有慈悲眼現世貞心辦一場

三年吟病閉間坊瘦骨如無熱肺腸新結芳緣仍自念人間月姥勝爺孃

千聖同心此夜清和君入寢愛還驚從今袪盡離愁病華燭前頭過一生

似許風情遇亦奇況兼文雅冠當時青樓薄倖非吾

頤嫁與人間鈍妝之

輕重相乘試据斤衡頭蠅坐便輸君晩春爲畫秋爲

夜方是恩情賽半分

紇骨城頭弦月隱蟠桃門外酒燈懸無期有約朦朧

境忽甬低聲攬我眠紇骨城在十二峯頭舊云東明王所築蟠桃門府衙之西扶也

紅樽蘸甲戎無心臨酒真難滿〻斟何幸情郎量本

窄免教今夜醉沈〻

儂家無物奉家公佛手香囊即女紅感他真王多男

子来自山盟海誓中

滷劉蕃聞十枝歌春香过算恰呵〻當時好放阿郎

去〻後其如百死何此用東劉之春香吒令語

一盂同飯最堪肥好遣深情貯翠幃已向東明祠裏禱龜岩泐畫便無歸東明王廟在十二峯下〻又有龜岩

家兒性本厭濃粧脂粉由伲拙態藏但恐夜来添口過青塩鳫齒漱寒漿

藍田玉性本然明貯得香油照兩情爲問秋燈多少意許不燃烓抵淚更府西數十里有藍田坊産白玉斵成燈檠燭臺及箪盒等器

光陰挽住怕無功將奈其婆又亦翁若使天公憐此意似儂花有百年紅

明月孤舟枉斷腸情儂在處豈伲鄉烟青灰白榆林

草坐演閒談也不妨烟草産於府之楡林坊者爲一國最以烟青灰白稱

偶因行脚過江湄何處離歌度外悲不向昇仙橋上

去文君怕有送郎時

　試令蕙史唱離歌若干闋隨輒以文譯諺度成

短律則亦終須一別之意也總十八頁故命題

曰茄拍

和衣獨坐〻茫然推却鴛衾攝一邉秋夜非長郎不

在長〻其奈夜如年

陽說忘情暗斷腸斷腸人在月西廂箇事殷勤非一

二擬相忘處是難忘

晩晩佳期已落梅誰言報喜鵲多才猶然未揣郎邊
事擬盡雙眉覓鏡臺
滿庭寒月奈無風掩却交窓曉夢空曳屨聲來頻聽
我跟蹡落葉太忩〻
塒雞唱晩曙星稀忍送甘眠貴介歸本自消餘腸幾
寸又將春雪一般睎
空山杜字不堪聞啼近紗窓際夢君兩處從今排一
夜惹人情緒却平分
曾經倉造漏綦燒別字其何字〻描上下千年愁處
得教人腸肚盡堪焦

離愁點火燒胷臆淚雨如將烘餕熄無奈歔欷陣〻
風助炎〻起除難得
愛是宣言愛卽誰卿補夢見又堪疑不眠者夢應無
理擬夢吾何入夢爲
常言咫尺如千里萬里行今奈若何重水重山須穩
去願隨明月照關河
將去春風挽不留未花桃李亟成愁於焉悔被東君
覺歛却踈陰隱小樓
去時三月蹬歸期節候蒼茫問牧兒指説郎家園子
裏杜鵑花發便應知

忘餐廢食怕難支證涉無何儂自知定是相思非別
祟緣君受病待君醫
路邊雙佛耐飢寒冒却風霜對待着地老天荒無別
恨羨君良會劉檀欒
百般瞞我是究家斷却情根便更佳無耶溪盟山海
在強言拋置倒嗟呀
春夢丁寧到是愁歡來歡去暫風流摸衾索枕痕何
在一事虛無起暗蓄
月欲黃昏長歎息杜鵑聲裡斷腸花天涯一別難成
夢情緒其如兩縷何

愛是曾經別亦曾如今相待暮欄憑消息無聞啼雪
月前襟淚結兩條氷

旣譜離歌矣恐蕙史見而生悵續成一絶以固
其志

誰遣情根透兩心片時盤錯也難禁秉春已作干雲
埶不許傷人憇綠陰

答

身爲竹節與松心一托情根便不禁設有風霆來拉
摺幾多時刻又成陰

鏡中白髮到底着懸不得不一言自首亦欲試

其徵意也

三十年前二八強傍人盡道極佳郎只今白髮紅燈下老醜其如掩不蔵

答

隻眼看君二八強秉騰正是極佳郎誰知白髮紅燈下色相瓌瓏掩不蔵

聞蕙史病送餽藥餌

纏綿鬱結化兒侵（時余亦病）嗒卧推君夜夜心分付刀圭先救療更須要我下神鍼

答

緣君受病待君醫重理笳拍語故第二句云譜裏聲真幼婦詞一
服令人通身好碧桃花下問瑤池

偶見

黃花開後拂紅帬韻〻香飄一樣聞除却倚偎多少
事維摩天女欲云〻

剛半人情是蠟梔嬌羞笑語總然疑辛勤戒我雙眉
睫須見含愁忍病時

初如轉臉忽低眉半已羞儂半恨誰替甭擔来心内
事羌無故實使人悲

冷心氷壺一點明放教今夜妒飛瓊殷勤戢定芙蓉

肉好聽珠喉忍痛聲
月華如是透踈欞半睡憎伲喚不醒髻已鬖髿衣欲
褪全身捱住牧丹屏
香肩滿抱喜聞膏心縷纚〻取次縲手到胷酥還錯
認十分揉碎紫葡萄
鴛衾祕妙不須拈祇說溫凉玉性尖徹底通邊能似
許人中甬是美無盐（暗與鈍收之作對）
呼燈更對忽羞顏一事升沈若夢闕何處洞房非此
夜江心秋月白香山
鍾情者殺態逾濃心眼知應一處供笑倩傍人平作

證陽臺半揷九疑峯

答

何處綿車軋軋鳴青孀不寐坐溪更惜郎倘及儂之半咄咄應無此夜情

東鄰女伴隔櫳逢掩口相着意萬重恰恰曾無言不到前宵一事忽瘖儂

梅香含笑報家翁娘子經宵態不同盥後朝暉微睒肉臂間無復守宮紅

夢着朱鳥入羅帷暗問周公字是離（解夢書俗稱周公所作故云）若謂他時真有驗未前儂欲死無知

到底含羞忽漫愁千萬情緒孰因由紅燈背壁秋無際教與幽歡入唱酬

夕陽人在絳仙樓々下澄泓一匹秋自是東言舟腹近教郎今夜好來流（頗君來腹又來舟此真揚州鶴）

此時余以石蕌為歸小玉以蕙裳自歸命是篇曰蕙蕌集

題蕙蕌集後

大農睦德紹

蕌君詩語蕙娘謳不盡遺音欲碎樓留作成都奇絕話巫山長碧沸流々

不盡風情寫畫謳巫山合有絳仙樓嶮巇慾浪誰

能斷九曲肝腸摠沸流

嶠南行卷

余之前後行卷歷〻可攷而詩文以記述山川形勝收拾殆盡至於道里之遠近並闕如矣今此倫紀上情理擬見女兒于密陽寓所路出嶠南多少目境宜又續筆而跋涉疲軟神思索然且念幾日行程實不如記曆之例詳而又畫茲信手簽載不拘體裁云

戊辰正月四日發行族弟景天有事東萊千里相將亦奇緣也午間逢族叔景樂甫于泉浦還路即其鄉廬拜新之行也暮宿可興韓蜴祐東家夜間韓友李

先來話是日行五十里
五日朝飯後往拜于景樂叔太夫人歷見朴友景八景三〻之內相卽內從韓氏第三妹八之冢婦卽族弟景久妹也霎與敘禮歷次李先宅束裝日已欹午矣抵宿㺚川店是日行三十里
六日南畫忠州界歷延豐縣界總六十里夕路而島嶺第一關在前蓋離㺚川十許里兩山挾逼厪容線路至水回店川原稍廣亦兩山間也過此又如初至於鳥嶺雖蜀棧之捫參歷井蔑以相加試思龍蛇之亂若使申砬元戎少有智謀豈肯饒過天險自速其

禍邪當年三三都陸沈八載雲擾罔非申將之罪而
至若三百年来嶺南全省許多米布之課歲糜費於
館倭供給者亦誰咎也　朝家之褒忠奬節大是曠
典而隐彼彈琴臺一畝宇謂享無知淬庖之同時軍
校則可矣申將之鬼其不餒而者誠萬萬失於厚矣
余之奮然攘臂竟夕嗟咄是所謂公千載之忽耶出
闕十數里懸崖直路步步蹉跌亦緣時值氷雪之交
而松聲石色天日晻曖行見桐花院店適當遠客投
暮之際奇哉是日行七十里
七日朝起薄雪糝逕風威轉急而因此淹舘前程可

悶遂前進數里許中關已在前矣中間磴路之巉巖略彴之逶邐殆不可槩而兩岸石埶叅天間亦有狀類象虎口眼谽谺如欲奈何人也龍湫店卽此地而路東有金公洙根墮淚碑蓋其出守安東時紀績而都事柳沂睦撰應教金鎭衛書也迤西十數武曰交龜亭爲新舊巡使設而亭下澗水成潭是稱龍湫出關二三里有城堞周遭數頃地似是將臺而瓦礫散漫幾盡頹殘別將衙門又其南也此則三關地盡頭而閭閻櫛比商旅帽集過此一麓西來遮護洞口左迤涉澗而路稍平野稍寬歷歷村落人烟可喜猶見

東邊石山支鶻不敢棲此云聞慶邑後山名主屹也
又行六七里有嶺路西迤其外有高山龍華等村地
甚幽勝而膏沃云也稍東數弓許土岡匝繞山氣明
媚大川前橫郊原平滿此聞慶邑也岩是乎咫尺夷
險造化難測矣李禪剛尚書方謫居是邑覓其舍館
遂與相見傔人亦皆欣倒然吟鵬成病景象愁絕敘
慰頗久日猶未午竟被挽住仍與共宿是日行二十
里
八日早發幾至幽谷郵館見田間老木成林皮皆白
色殆圻邑之所未有問諸行人則梆木嶠南地煖不

以畧東而得全其壽宜乎土産七絶果之需一國用
也幽谷蓋云咸昌界而過路驛站連見察訪高侯善
政碑侯卽丙寅秋庭試魁元高永錫而本以中人冷
族出淺藥肆貧不自聊及夫登科陞六也 大院位
愍其地而有是除其人之殫竭報效推可知矣欲求
循良必於寒畯者俗說無或似耶抵宿胎峯店是日
行六十里
九日歷見尚州樂峩院西南周回數十里略皆水田
而地勢圓平殆無高下大小溝洫水皆盈溢此云咸
昌恭儉池所灌漑則池之名於嶠南儘不虛而耶日

行程不由大路未見邑與池可恨尚州邑聞是迂路而中間迷失直抵城府界嶠南之雄都也辛勤問路抵城谷店是日行四十里而失路枉步殆又二十里

十日爲訪柳教官疇睦捨洛東大路徑渡竹岩津行十許里度一遷越兩峙乃是柳家庄〻名愚川也先叙識荊仍與傾盖盃酒盤飧午烟纔歇旋欲告別而不自由日晡主人携杖請與偕行〻數千武有新搆二茅堂隔溪相聯盖爲老少同樂地也少焉廚人進數卓食此云供饋道南新院長〻〻洪措大載龜同來故也夕歸晤言愈洽不覺夜分盖其造道精微略

無紛華習且治家有度嶺俗之尙儉可見也朝起請
見其著述若干編屬意遣辭非典雅則不屑眞儒者
筆也臨行至于大門外縷縷屬托以歸時更見余甚
自喜其過蒙記錄也是日行二十里
十一日還蹋昨來之一峙舟涉土津岸北閭閻櫛比
堆盌如山可知其商旅都會也行十里至洛東津孔
路市廛尤非土津可比而移舟向岸岸南一小亭可
喜也洛東江上下五百里此特以津堠得名者爲其
一路之大去處邪又行十里迤向新豊亭問津擬將
取路于善山邑府而數十里中間一水四渡者似緣

河道之迂曲而余行到此日已曛黑頗有負盬人十
數前導昏夜行二十里抵宿邑府南門外是日行四十
里
十二日余與地主金炳愚文學證交亦有鄉井之誼
自其遊宦四方居然十數年濶別矣所以迤路入府
爲一相見地而門吏云阻閽著令無敢入報適衙奴
知面者從角門導入記室主人見余故避如小兒之
迷藏又欲招詰衙奴余不得已歛然而退步所謂記
室罔念處已接人之駡何據道理只恐見忤於知府
者固亦可憐而不足怒也就以知府言之似緣過客

如蚊乞丐無節館賓似雲干囑非理遂至厭煩成痼
真心不見然獨可無開門延攬剸理勝人之術耶使
余有干囑乞丐等一分本事則尤足自反之不暇而
真正友道萌心惹出一場差耻可笑〻〻遂還渡海
平上流岸邊衰柳成行追聞　英毅公先祖德藪比
其地云也多日跋涉足跗皮開踉蹡不進每後於景
天景天頗有愠色余云佛家輪回科自在君於後日
幸勿歎恨於元變輩也景天亦回嗔作笑而已行到
海平店問吾家　先壇所在樵夫指點東北石山下
松楸苑塋處畧行八九里有數尺貞珉挺立瓦屋後

壇直金石哲道余安頓于上房繼卽瞻埽禮畢塋域
遠近一回看審余雖不嫺於堪輿術蓋其來勢力量
太不尋常也任竹崖所竪碑今無可徵左右麓吉姓
墳墓或遠或逼俱係必禁未知吾宗文東氏知府時
措處何如是巽懦也大抵吾宗之義不與吉姓共戴
天日可證而尚有孱孫數家容息於山下云其非吾
宗大同之耻耶若其享祀守護之日就殘敝尤欲無
言也夜問傳來文獻之容有可攷則壇直出示册子
與呈文〻〻卽與吉姓前後相訟之蹟也册子卽後
孫拜掃錄與寫文酹告之若干首而族祖五衛將諱

澤顯因次亂承旨晃東來守仁同時殉其例又有宗
人錫烈記述千餘言也是日行四十里
十三日　先壇下東南逾嶺從小路行二十里始得
大路卽仁同之長川也抵宿柒谷東明院是日行六
十里
十四日歷柒谷大卯抵宿寒泉店是日行六十里
十五日阻於夜来風寒晚發踰八助嶺〻路之陡絶
殆與鳥嶺相埒但山勢之迤長不及也抵宿清道納
德巖是日行六十里
十六日路過密陽邑望見嶺南樓臨江軒敞遂入城

迤行幾引地危欄百尺正可眺望若其形勢殆與練光亭甲乙而墻畔竹林又足以壓倒也顧余一行便是走馬看山每逢會心處益覺風味索然良足一歎耳出南門度二橋抵宿禮林店是日行七十里

十七日抵㝵山村郎女兒寓所也是日行四十里

十八日景天獨向東萊約日再會非不丁寧而末路分張亦極辛酸也付萊伯書（鄭顯德伯純時爲東萊府使）

十九日貫韉發蔚山行盖爲推奴事往在癸巳春宗家世傳奴婢戚龍寶金與其一子二女逃躲流寓于蔚〻之距慶不滿二百里余来時翼弟苦要往摎故

也抵宿梁山新店是日行六十里
二十日抵宿梁山通度寺〻之大甲於一國余亦如
留已久且幸介在歷路〻不甚枉矣盖自出關而南
雖崇山峻嶺無不童濯除非大家邱樊並無一株松
以至官道之里堠薪屋之棟楹禾穀之陳根烏鵲之
舊巢殆是沿路五百里所未見者如桂之藪在〻使
然矣及入寺之洞口千章之木左右蔭翳天日爲之
窈窅澗邊水碓凡十五六所轟〻軋〻畧無間時而
廈屋皆用瓦葺也入寺門登寺樓轎夫屬聲呼三寶
俄有一衲迎拜仍導入方丈內續進酒與飯而蔬笋

之登盤者七八楪夜来獨臥無睡偶得句云早春千里客辛苦欲誰尋萬古新羅國一區祇樹林蔬筍勝綺饌鍾磬無俚音明日東南路海雲天際溟行人問路鷲棲山平地琳宮百尺攀終夜枉愁風雨急不知身在萬松間朝起飯訖收拾行李問烟債多少三寶僧言一劫行旅並不許買飯賖酒余戲云雖留幾多日亦皆公喫否答曰十二法堂十三屬庵自是去處甚多一一遊覽每延二三日而寺中供具未嘗厥一毫顧吝也又問以若名藍而四時遊客似當雲集假量一歲糜費可淂幾許答寺中秋獲歲不下八百石

而僅〻支億殆無贏餘矣余云多生香積緣在可必愼寧負湖山一日債不得不去向別人家打火又云嘗一臠而知全牛之味且況大雄寶殿卽是萬佛之宗只可一處隨喜及開殿門但見一座空榻並無塑幀余恠而問之三寶云殿後無縫塔安佛骨于中故也余故就一瞻仰四面石欄干外碧莎半畝而已門外有崇碑蔡希菴撰記書篆者李㕘判震休權都憲珪也是日行七十里

二十一日抵蔚山本府是日行六十里

二十二日登太和樓〻卽客館之門屋而前有太和

江得其名
二十四日往觀兵營〻在本府東十里地形奥僻略似山城廨舍比本府稍稠而民户則不及也去城未數里東望亂山間水色如藍問諸路人曰後洋之汊港也蔚以大鰒長藿名於一國則邑界之沿海當不止此也然今所眺望者方圓不過一大澤亦可謂之觀海耶朝晡登盤之黃魚膾肥白而軟味亦稍佳未知厨人何不以羹以炙也洌水豚羹余嘗畏不敢近口而蓋其所忌者煤墨故人亦愼其烹飪今見蔚人常食如蔡藿余亦一再下筯古所謂東海之豚無毒

者信耶

留蔚七八日〻與叛奴輩辨詰備詳其三十年間生育男女之殆爲十餘口而如欲一〻刷還則非但事力之未如且千里扶携老弱之顚連可悶如欲計口許贖則見其生理至殘蔀屋土鐵亦不能自辦擧皆僦居於公廨之傍糜糊口於當户之雇役若其翁婆之不自食力者至有沿門丐乞而盖聞年來有人假稱本主再来侵漁前後酬應爲百餘金故雪上加霜蕩敗至此云其所矜惻直欲勿問而歸無奈二百程浮費十餘日盤纏到底瘡疣未由療救矣不得已拈

出婢子中八歲者一口十八歲者一口聽其自賣得
錢七十緡各以二緡遺其母畧捄其下體因以四十
緡買一牛擬作千里替步之資嗟夫此行一過遂使
十餘數生口踈經亂離甚矣上典之不仁也為吾後
孫者宜其鑑戒於此也
二月初二日日来雨水成霖逕道不通繞於卓午徑渡
太和江攀厓緣澗間關覓路抵宿彥陽張村店是日
行四十里
初三日路過梁山南十里長堤緑竹如簀盖自尚州
以南村〻成林家〻作欌宜知為嶺外之土宜而始

於此堤儘覺蘓長公胷中千畝還自齷齪甚矣我俗之貴耳賤目也淇澳湘岸人〻稱説不盡先後見此堤者何限而只是啞者嘗蜜耳若如南來時自新店徑由華池嶺則幾乎此堤暗〻落莫於扐翁眼中一番清賞豈非大福分耶西去莽蒼曰黃山水店正看洛東江岸艤一漁舟刺具艙板無不以大小竹需用古之黃篾舫從非別物也仍留宿是日行七十里

初四日夜來大霪朝起風聲吼雷雨點散蔽而出門數步正看天色屭贔不覺危懼還又解纜覓桃而先送轎夫一人于守山因念行路之難古今同歎而竟日

業風十分是無間地獄顧余日來罪業〻已受如是
果報耶適與通度僧太辰同榻話出推奴事畧依佛
家布薩法太辰曰人生百年何日不這箇業風也但
人自不知耳始以寺夜所得詩記贈又有小序云黃
山水店邂逅太辰沙彌問其族則孔氏也竊嘗聞孔
氏之先在滕國時自曲阜駕海東来止泊于嶋南之
昌原因以爲貫鄉而彥陽孔村之爲支派余又稔知
之矣太辰以孔村之孔早失怙恃托跡佛門以若大
聖之苗裔棄儒歸釋者豈非吾道之大羞耻耶設使
太辰慕恍禪悟直欲長往宜乎開導之不遺餘力況

其計止於身口乎嗟夫孔村必有人焉嶠南又是敦儒之鄉也何不相告而早爲太辰作地也我圻輔人也千里外相逢泥塗拯拔無奈力綿而一言之贈出於彛性云爾

初五日平朝霢霂不止未由登程一餉假寐轎夫告以岐霽始乃理裝而出岸邊風濤如欲噴沫于人牛背眩甚徒步數十里歷三郎浦渡五亭津浦口舸艦叢集岸上漕倉與通倉相對盖緣江大都會也不及浦口十里曰鵲院石埶岌嶪纔成還路俗傳壬辰倭寇探金于千仞石壁間金化爲鵲投江不現云而轎

夫舉手逢〻指一充爲證也渡津後郊行數十里暝
色可惱而牛行甚穩遠勝於轎上之擾攘前程六百
里庶可忘憊但跨下之嫺習不及牧豎恨無跟隨之
一紀綱耳暮抵守山聞景天待我於水店六日竟以
初二日先歸去某伯答書留菜遺以一烟盃也是日
行七十里
初七日登攬秀亭〻在守山村後洛東江色繞檻澄
碧七郡諸山環列四面郊平一望周回百里屋制四
楹軒三之階西又有書齋數間蓋云故營將金太虛
亭址而中廢百餘年〻前雲仍鳩財重建屬柳相國

厚祚尹輔國致義爲記揭楣亭又改名曰追慕也
初八日遍觀守山之國農洛年前睦二凡大起隄堰
于此竟携家室爲耗食計沿在洛東隔岡處周回殆
二十里多少而地勢低陷常患沮洳一遇江水之汎
濫則秋晝始退故仍成荷花蕩歲取蓮子累十斛在
勝國時金公方慶初置也田入 我朝隷于龍洞宮
而荒蕪不税者亦數百年矣睦凡穿渠修壩費二萬
金高者爲旱田下者爲水田落種五千斗而歲比多
澇未免失稔然每秋所獲多則二千石少亦不下千
餘石目前立效不爲不彰而更俟水土之平庶致疏

浚之工則其進不可槩視其堤堰首尾可五里槀而
渠之長至于五亭津則洽三十里矣水門處大石盤
陀谺然中開廣可容𦮯皮船高亦七尺之軀軒然出
入而餘外四郊絶無塊然纍然者是知天公造化亦
爲善用者預待也噫睦二兄負不世之才而䄂公苟
陂漫作小經濟惜乎
初九日還發睦倩相送至禮林宿坡平尹氏家
十二日抵大卯訪睦二兄一宿
十三日渡琴湖津時値藥肆之會商旅齊𩬫船人之
覓錢倍常有馬牛者必售五十分及余登舟爲之𦆵

牛出入終亦無辭討索甚可惟也大卯卽全省之界
首嶠南況是八路之最雄藩而倭燹後備禦尤當百
倍綢繆則城府之甲於三韓固其所也邑鎭曰八公
山〻是太白來五百里正幹三面擁護如兒孫列侍
者左而八助右而河濱廣輪洽可累十里其間土地
膏沃足以衣食城府人正南一支環作几案是名達
城山琴湖發源似自八公而與左右諸水會其勢不
得不合流於洛東江柒谷大卯兩山相遇處豈其歸
邪春秋藥肆各不過數十日而一國常材之需用殆
未有不經照顧云亦城府人富饒之一助也過此以

往行路宿站畧與去時依違並不録
十八日暮抵鳥嶺遇騶奴持家書來已下兩條人子不忍下筆處也
二十一日抵家前一日遇雷雨信宿韓甥所

扐窮尺牘

夜久書聲聞曰若

江渶圖意動之而鱗〻龍也

寺樓南岸有神馬窟

丙子冬夢遊甓寺得句

扐翁尺牘

孫男 元爕 輯

與金錫準

扐翁平生知之者絶僅而見其毫析性命考據經傳則謂之老於教授見其投人眉睫證我肝腎則謂之鍊於閱歷見其胸事固容畧無放過闌入隘窄如欲替擔則謂之老農晝葫地蔵效嚬耳至若祖漢魏宗選唐優游泉明大家迄于近日燕士無不鉤深燭微掇其英華惟竊船翁足以伯仲於吾東而竊以目余以耳耳目所得容有深淺難易之不同然除是小棠賢友誰復與語其際而論其似也耶嘗有百潭寺僧圓明謂余稍媚內典畧味禪悅固要爲師資今小棠亦不鄙夷自稱詩弟子不料儒佛家各有安發人也雖然謂之絶僅則亦可矣但余雖業醫之一疾小棠未之審診而身淫於寒暑口淫於飢渴實孔方兄爲祟已是膏之上肓之下秦越人亦云未如痛哉強爲自解曰今年用生脉散可直二百緡拖過一二歲稍宜大小承氣而価將既捂又從小棠

其知矣幸於丁香壽下珠船逢場一經照顧則以爲然否頫覓黃與跋閒春
後會面一病可了姑徐徐如何懷人卷想當如約送示矣李庚凡尚能焦殿丞
之歐陽座上耶歲色如紗萬萬自愛老人尸安否再容紅甫不備

答閔平壤昌植

自武還鄉後有時脚蹤幾及仙庄而輒誦依舊園亭風日好之句惟有櫻月
來照懷公其知之否三釜不洎古今同恨而毛義檄潘安輿亦非人人可飼 盛朝
洪私於公極矣爲一念到豈勝欽敬況撫字令聞已與烟艸同至承聆恭喜賀喜
但士大夫名區勝賞判不在剸理之下未知何以句勘否也 某嘗五年入渡湏一來
遇賢人主前後登眺便是花木依然輒有若干詩廷以形容得七分光景恨不
與公一番吟誦於練光浮碧之間也書來二種腆貺正可消受我大樹酎痰痞
甚珍甚謝復守是公遺我紙而或圖或方同是天竺杖覽時想一噱矣恭
問祁後爲政萬禧申望餞迓增重不備

與權陽發

千尺冰一線陽本不相斂而二 陵落葉其能啓人㥏悵否兄弟無故聖人所謂一樂而南北分張想不善廣陵兒女所嗟之歎生理之拘縛人本自如是甚惜惜吾亦少日詩名灺却東洋大海歸卧鄉曲似無些子暎氣息而但課日花樹會足以忘老矣何時得以一樽一奚對笑水榭間以續樓下翁未了緣也至於前秋景武臺下人海握歎或是酲夢而已離合圓缺舊是雖常而符到以前勿相作象外人則幸矣討𥙷一書亦此意也可諒之否只祝迎新自愛姑不備 記昔令尊相選於平山館讀我蕙菊集而受之命侍童繕寫一套今若遍搜行篋向想或不遺矣幸爲傳示如何卒草失漏已久而尚有文鴦照影之恋故耳

與李善敎

入冬來寒暄太不調東鄰病而隣死未必不由於是比之洋舶則偏憂也尚能不病不死者不啻爲大福分更須多誦準提咒如何謹請辰下棣候省愉万禧

胤兒安健讀了滎陽小學幾篇耶嬰叟喈哉張老千里冲寒間果往還云否其志也
其行也無非大過人處而到老終脉亦非凡流所可堪未知做人是祖若是其難耶呵呵
所恳田地事来教劉坊無更容喙而所謂舍音今色自是做平民不得則六十年讀
書人豈肯冒居此食耶然三日断火烟鮮不穿窬計者俚諺足以頂針矣嫈一言曰
飢餓殺我活我惟在春卿菩薩眉金剛眼任自爲之也但此事之次且囁嚅吾恐高
明公見太近於膠漆盟矣留齋故尚書之身後禍福一品國太君之目前利害本自楚越
大小亦迥何況別有活人心從禍田上句萌忽爲業風所妬當乎在乎今又漸施則不得不
於開歲後扶病畢呈摹擬中包香之七日秦庭後已教此漢爲此舉實是春卿之安
發矣謀之之老悖不罪焉明春東作之田器具而只欠一健牛方有濟富待回音俯仰
且媳疾孔亟所俟者此眉圖耳

與元直

伏惟元正體氣增旺吾輩逢新便非喜事而元朝頌祝輒增一二句語未知老人身

多都爲兒孫作地耶遂想兄旨耋昆季團會親眷湛和嬉笑之好箇景象歷歷親知亦自絶僅矣前歲洪蹤並次句抹如何以弟窮畸推過六十春秋亦沒有好處耐常自慰耳但是太早計而趁弟初度節後光爽濤共對樽一噱則幸矣弟亦來春要拜計矣元燮適告拜新之行略此替展起居

與韓令 公允

有便輒探聲息漢汝上日前兒孫謂承謦欬歸慰甚不可量而室邇之歎尤切頻々更詢日來令體增護旅所溯禱之至兄哥三加在即云正想筵席大排觥籌交錯如弟老饞不覺食指先動而余路隔江水到底魔障何哉使湘老友想亦來會而失此良辰可悵々弟已是四甲老人也如兄少壯理當一倍欽敬以是自今耳似閏後路在於晦初無乃醮姻已迫而然耶趙景文之逸無好消息足令人叢痒而一幅卧雲圖亦是清賞也春水開後擬學面人矣拜蹤亦不遠矣

與金錫準

者於小乘口誦心念如禪派之阿彌陀佛教派之觀世音菩薩而未悟究竟處之必有
極樂世界也懷人卷間已鋟梓迄耶跋辭豈無附驥之願而錙福甚淺未免不及之歎並
一帙波及列亦幸矣今年即者之回甲故有為同庚諸作而素山兄亦其一也玆以全奩送去
可能同誦並讀仍發一笑耶年荒而紙荒亦未能擴盡襟素天教扐堂生竟當氣死心死
身亦陋之耶 香壽珠船各皆珍重耶

與權生信圭

北窓高臥青林裸體條是此翁前案之好福分則雖欲驅而納諸闤闠綾束之中其
可得乎以知君向來津筏決非無上覺脚色也但經歲之累攪亂谷神一功世味之有難
徹底甜回自古至今矣為問寓候清健有何消暑之好句當賢允尚在旁怡愉否東
郭札又有急幹必須按例討答付來速禘如何秋晚吏欲以前轍而亦難答對也

與南生手應

賦命畸窮者亦有一事之差強故恒為君頌以偕老章只亦不如意近來往遇之了

果能父子合卒咸就家樣否第一未笄之小嬌影象可矜且想目下凡百罔非業大熾
烈之端未審調況不至從務間聞有安岳之行往返費了幾旬稍大小家諸節亦各
扶得食根耶昨今兩年之一載阻隔亦是托契後初有之事共所欲恨亦自蔑夢而
已以君所遭不須深責然衛伯如有情念則三日夜由是以未見而不驚爲是所謂人心不如我心
也拙狀無足據說而人村之閑甲亦是濫分至於孺慕上百端感懷自然消沕不得執也
奈何非無趣日淸邀底意而將如悴盤冷落何哉

慰趙參奉　鍾淳

脩短命也榮悴時也孰謂尊叔父令公渥亮之姿貞確之操未究厥施至於斯歟厥此
幽明不負未幾叢識而老少顚倒亦此豈料只自魂消夢路淚下隣笛而已　春間入都
與韓台李弁略叙悽切之懷而擬令永仁偶作我前導寸入門一慟竟亦失今不逢此
心未解也所期者者吉蟆涵氣歎思作一元而不可得也時值喪事兄在鄉第故也　間
從長阻仍失握慰至今悵欲如何言伏詢　辰下服體万安喪家諸節何以支護

否想於此際困 享役持被累此崎嶇付候酬表衷曲不悉状上

與李進士 濟東居保寧

不見石樵兄久矣鍾厓話別其非四年事乎回圖悵悵比之蘿蘆矚則固萬萬矣飢飽寒煖付之天數得其稱君評雖古今儘樂事也況有大甲兄以立傳哥常名利簞必將仰望之不及聊以是自慰如何大興使君擬將壺酒一醻於永保亭頗得能如意否許多歲月悲歡哀樂不必相問惟願生在人間更與一番敍懷而老者事恐未易也適有知舊人謂向貴鄉兹奉崇牘以表怨仰之悃頗量忽作嗟嗟難弁

與李友 敏榮

金秋史論易書兹依教覓上而即是數年前夜雨孤燈隨意筆鈔惜乎未及其全篇而只舉其説易數端溢復想亦有好玄處而不可得見也古今易説之家百千而漢儒則獨以荀虞之動易謂可配於程子之言易宋元而下則項氏易及胡煦函易爲程易之補者以是秋史之自家正見而頗此說隨未及觀荀虞之片羽則項胡二本之內府影影

鈔爲何論也耕史此書之作亦有年則安知無復此書而來者耶固知凡有事以
學之願亦嘗與有志者遊幸爲之蒐羅而有得則亦及焉其實則自得之不居
而言與動之外先須下自咽喉功夫則一言一動都是無包涵收來之日耶向來不錄
之間適及於此怬乃校日纔寫仍成冊子與以猶爲初學之門此即兄之物也聖人
所謂切々偲々正是此境界耶此書到時臨值兄淨几研朱則亦一奇會也伏問體
中佳否不備々

與李進士

頃拜幸得一夜討懷而歸來未幾歲蘊尚多山積如悟陶炯若除撼軟座
不暇有換許多筆着得無着溫光鬃否種々潮々襯々邀世況寃正稱天久而未
正半晌陰晴伊日往程縱及碎動擴帝之半而勢翻花綠無以前進幸爲獨
前茲媺佛眼着觀僅得一書應經過曙日梅穩嚴海水淺者遇曾例者滅頂
賴乃一往伴二回文極力扶之倖免魚腹而其幸不幸則吾亦不知也近日何息

玄度是瞻矚無累以為由悵之深之深茅消息而安知以扐堂先生吾其太不切決
也曰鄉酬睦查事須恨也夫誰怨尤而前蔚烟之以支放名色責出於六里青山者哉是
事理之所況今烟師其備相不窮日事昏失之科該之於無先之前內則院竟之無
法不之問乎語及公事必乎越樽而卧念老女失驚官隸寬伏宿山之狀不覺心骨俱
冷惟子者懶無比之頑而已座亦如可一臂從福州仰倚馬之又書此送宜從神仲 寫此諸

與鄭承旨 顯德

以新令兄之雄聞為靡見敦困耶想於諸訝卻後猶可壯談也身旅京無托病日以步
問歸心大急根本數日之晴遂出東門則自前半橋已是泥海而二百里中間幾乎
無股者於不可緣指示歸消除悚除慰愁乎挽席耳同時幾歷利川逢義觀
知了從嶺左綢衣同時南下日前得者勝說舊業伯以筆又續無窮下筆數於悚
解縷條之光甲於一看是以想見其做事然其奈其家必使吹毫數將以訓遺之得
謫惆悵坐業而綢衣而心常愧然云評作先是然送收務以仰耕

慰韓監役繼善書

同窗時說欲一曰供侍父母孝養二曰畢兒子女婚嫁三曰循甲壽危依定

登曰兄其閑一指是字頗齡左對未必無量福分而此所謂人生綺足仰

時足則兄之出口後餘說只有曰家人之哭我埋我得如獨人大歸之夕而已以為

此皆了債之地何用悲慼淺淺為也逢觀之叩盆庭寫以兩耳之重兄太晚而

一言足以寬慰蓋兄以為盛事者昨詢兄服役何如(以聞)長名所懷嗟哉新山天水閒

無惟是之所悶者去月清槐山女兒所十餘年間雲閑嶼翁誥福所自擇

而慣兄亂緒捕廣卿僻醫作無形悶甚甚一擲(進)之外又此處暑界以恭諱

替處

與沈友禮之甫

吾兄初止每輒探訊其(安)節大衆亦在其中而近日微露粗寒敢問於事增

旺亦能及時投衣而寧可獅孫足以抱弄此老悅樂中也往赴津識而為

而博塞如舊消閑則可矣第未信年少輩未入彀中矣未此慈翁
猶甚而韋有飄石恰可御而冬但啜粥養齋比相帰帰此亦發憐可切
懷者吾輩生來前經壬癸又逢丙子兇不能障倭滅胡遠自畏約於
搔攘中而已玄目注原竜尋訪舊契好消散日而崔崔感極層之次反不
如兄處空乃能握手話宅帰未釋然也前此語及此多端續是書不及
云一未鋪述此外萬萬都奏只祝猶安鐫安欣悵可勝

上族祖夏謙書

比年來每因稀問處則輒云乃不安昔甚矣衰病之毒人也人生脩短各
因氣受而百年特舉大數也吾儕之所未目睹而自八九十以下固亦稀產
飲之處月減歲縮肥膚潰而消鑠痰火以之上升莫聚之禍充祝融之
眊矇猶是細也至於齒牙脫落食不知味筋骨痿痺坐輒心痛中夜
少睡煩惱葉之重以咳嗽泪泪氣息喘喘仰也獨語惟願速死此念

他爲祭奠了限而肢賊無窮故病於未衰衰而愈病未然之疾乃至此極也知所範九五福之頭頭有理節節相須也有其所也而四者實爲之事爲目前欲禔之方九篇則不能而平生修養則所以康寧也好德之實觀於修養而以至終命爲祭然而考者尤是未致之苑兒也每見衰病者涔涔於卧無許少壯精笑偃蹇乎前而猶復未如者此其不好德之故也若使好德如聖賢則雖壽其終日朝夕侍立不懈必不至左右無人矣且百病源委無非失攝之悔則自然退聽先天固念自反者不亦已甚乎旗他亦衰相日報病亦隨之此於耽上既如是想故敢以所聞而欲之罷餘在吹他口述況而何表明曾書之責無矣此其不足贅矣

与龍灣張進士孝重

龍灣不在天上時聞東來人仰承大筆而白眉出退卧郊莊果爲晚境占閑不因什麼應痒所賢咸簪仕亦在何年而其人即懼門義步冑

之苦年明證在於從延蘭玉相皆致角山斬然亦嘗出遊多歟而莫之天
涯一握重講文好亦未知吾友閔尚後後躡上庠居也大成而出照翁千
里非遠云者若非上世則中國也我東五百年無以友道稱者士俗甚野為
耳目所固結者命篤之不能一分無禍國史所述而陵歎哉哉哉某之玄孫
重遊若係佛緣獲參而篠饮九亦不偶故至今嚴君相望於此也仰惟十
個年所顏華初藻固有贏餘之務然歲月於人未自至此而身分上為後凡
地無如嗣胜之繁衍扁道之昌大幸為家及以至遠視者某為兩年洋騷
於通拔宅至家於驪州江上而二孫次第迎歸長也頗有踈寵之戚奏但自顧
形神童齡眊瞭不明而自至先國以後亦雖繼給三筆族兄道山之遊亦極
悠悼矣比因有事於維楊楸亦淹再出入漢城閨之往返也鈒人與飯
捌而深奉求歸作居而能慰我好喬以替芝字而不使另仲起居于揚床
者纖纖一套固已蓍之矣津里令丈推以書秋想已需鄉而一家典副能

繼而老成凋謝老友書亦依舊闃寂若不廢歡詠而回首舊遊不啻彈指過
煩猥之懷而亦可依依臨臨者存焉也

與丹陽陳君丁大林

溯昔三豎美赴前一日南社攜餞儀式紀念否尹兹丹陽以來每攜沿
湖洲瀰共其豎玉筍峯舍人巖仍白放舟絕道潭鄉孝物分之債續成雅
集之圖而身亦幾美門分一步地邈若山河奈何心事之岩袁中郎所嘗謂
言而況兄七旬之年值此大無牛毛風影較出闊老種種是悲趣將何以接
應也仍伏惟灝養失宜雖以暢適昔之童顏今心何如先相嘗頭角嶄然
而攻詩學禮恰有蹊徑之喜居種種所以叢於才輝未軒然七尺不抱耗
贖還及而日與以孫扛守以影鈔古鏡心一間叢叢事中黃色紙鄉近不能以一軸
換惠俾消鄉長之僻所疑隱無奇遠亦至隱而有旋手之身出於高門
者近睦悼三攜將贊醮發之趙氏高東方及弁之閨秀誠得一言之重

而以諧矣第須另加斡旋於戚施尊前大監座前之耗不亦可
念耶文勝知其如何此事之際與之綢繆彼亦可以可十分矣

覲中戚侄懶休

以表先君子之他孝武若老親之甘旨不匱後進之造詣無窮年總中方來
月此花而鬼符無良學壞不仁奮推棄背莫可少須耶實看之未嘗忍替丕
寺年之早羅酷罰恰此京今日境界窗分之痰舊感催執棲筆研手眼
俱慶侯又入門一慟之中不但歲目下廿六年林氏之責詎無泄氣果是終
身之恨加以居往徐事已孤星霜逾邁甚矣氣顏之難強也况於何和無忧
一一甚之神思索於只祝尊丈太上忘情大臺博好無須支此閣帝均安
而已戚侄病蹈七旬之是望分而無命是訪侵尋主症風眩左右耳俱聾便同絕
物而從古比少壯訪此膽先待水旱痒稀此象頹隔一片身口之累倍於壯年

不料自許曉達之士昏迷至此也

與金承旨炳愚書

人生修短皆有定命一爲疾病則瞿然却顧至以後事托之家人等而諸症稍祛動作便利多勤爲庭軒散步來又講由放杖步自是病老本色而近聞冬之亦未免這般圈套且以人不哭泰泰能哭人八箇字隱然自存于心大夢之難覺猶不愧於孔明先進字亦無累句伏枕上如是想因病病以撥以相聞耳大僕之餘万万自愛迄此吾友迺承界俾起底續爲面晤爲妙

與鄭承旨 顯德

令兄北轅後不以一言相贈者實無係於交道之淺深世情之冷煖亦非職乎僻鄉迂路信使莫憑也雖欲濡筆筆不從至今四載如聾似啞於老友方寸令兄其知乎否乎終吟鵩室之賦遙羅鴒原之慽不

單之禍無窮之慟只可委之曰命復何言哉東坡笠屐本自理遣法而
令兄乃能行之甚善善但恨水閘之詠未徹　宸聽賜際無姻盡替何
時惟祝　攝履安安勿以家國之憂損我為神而之人間七十不啻日朝暮之
年則天涯生死先後雖卜而亡安知不乘驂而御步步徜徉研好擅中間
決別之懷耶萬萬自愛姑不悉

戊辰三月　日江原監營呈文

伏以生之父母山被掘於李士克之情節緣由方纔原州牧牒報未知加何據實而不得不鳴冤於按節之下者生之情亂即然矣生於壬戌九月移葬于今山遭變處而距李哥先山非不杪遠然若其講和承欵之節不啻審愼保無後慮故所以百般參量擇其來擬也苟有一半分未安處則生亦人子也曷敢以兩親白骨冒觸於危疑之地而七年間同力措護兩情綢繆尤是憑信之左契也何料一種禍胎釀成於鬼蜮之所不爲遽使生遭罹終天罔極之變犯踏亘古不孝之罪也哉生之事々悔尤節々痛恨雖自刳心剸腹之不足湔雪而第伏念法律者萬世之所遵守也天下之所公共也謹以彼隻作變形止一々告愬

焉去月十日良同李士克典其撲屬聖七仲天而習等六漢白晝舉措
露出而柩以支機擔負下山置之洞口外陳田中而外棺痕損無非斧錘之
刃甚至亡父棺柩地板之上邊左旁毁破剝落處恰是徑圍一尺許
而以手摸者只有七星板遮隔設使棺柩年久朽敗固不當無端剝落況
且移葬時改棺至今木理自如而致此毁破則彼隻輩用心之叵測下手
之至慘非可知之矣 大明律中破棺者絞自是不易之原典豈或一毫低
昂於遵萬世公天下之地而抑又有彼隻干犯之不容不區別輕重到底懲
創者一掘而柩決非二三壯丁所可辨支機擔負又是前後掘變所未聞
而右七漢並力作變之情節難掩叅證自在矣至若在囚之李聖伯積
年抱病不堪斧錘之役而與起撲親之激勸貪戀資業之優厚挺身

自現術楊社席者癖鏍乞丐之本色無怪矣屯之某甲殺人推托乙
漢則旣親道理其可不揀甲乙只以償命為幸耶伏乞特賜洞燭這〻
照律首犯之李士克以殺罪施行李聖七以下六漢編配輪刑各勘當勘
之典則生之西瞑〻可復冤恨可紓云〻

庚午十月　日本州十四面各洞民人等訴

云〻惟我一州生靈以還使道主為治之日行毀官廨次第重新
饒户之納財補役者棄其觀而不惜其費丁夫之出力效勞者與其
成而不言其皆從文洞布捐助之惠生口得以息肩寫表庇恤之典枯
骨〻皆沾渥至如陞户貢業錢之替民措畫尤是輿望之所未到也
以矣等之愚騃尚能仰體至意自幸洪私其所拭目延頸闔境無間

而第文有區區所懷之不盡義疾痛必呼者田政是已夫州之爲地介在大江之間南北兩岸一經巨浸則陵谷變遷風沙漠漠占梁之天民川介軍之新邑川歲歲瘠碌無異大江福河之餘浸九拜之下流終夏瀦澤不見稻針又重之四境羣山遂年重濯沙石衝以陵夷泉脈從而枯涸瘠鹽高於隴畝田水無以蓄泄行潦溢於郊原泥土爲之壅閼昔之膏沃今爲不毛其所謂姑免決落略所播耕者並皆十減七八收穫零星民力之殄瘁日甚而生理之凋敝歲加然猶得以挨排到今不至蕩析者寔賴有壬辰都結之十一兩定視也噫矣民等使道主膽古惠政儘可曰生死肉骨隕結莫報而忽於庚戌秋謂以充還補逋無名上加徵三兩排限之十年已過而謬例成痼民情以是抑鬱時矣不意去年三稅復設之朝令一下而矣等呼

新京邑但未准請行之一年事甑之雅支已是百倍於壬辰以前則從此買祛之利塞斷閒而官屬之犯通羨過有徵之敝瘼滋生而吏民之相孚無路畢竟邑不邑民不民之狀在所逆覩之不暇矣伏惟使道主簿然一念豈不深覽於已形預燭於未然欲貽民邑永世之澤而特以事係難慎莫可遽然揮霍者有矣伏乞更賜鑑諒一依例等故事獲使矣木板於泥塗之困措諸衽席之安千萬云云

進本州 校宮節目狀 辛未八月

伏以 吾州素擅吳會之勝 處外孤標猶帶獨不降之操 賁澤流於畬田珠其俗況兼鄒魯之稱 江上故里尚傳八先生之風 烱霏捲於軒檻企

卯之雲商雲成雨 閣下 鳳池畫梁 肇發軔於製錦嚴邑馳去思之譽 何幸風流太守
樓之璵月宜秋 桂林翹楚 昔遊刃於來聰湖有騰來暮之頌 來涖山水名都
驪鹿蹊而鶯灘鳴轄惟暫駐中沚 猗歟有脚之陽春 百里之烟嵐如畫 施是歟六守跡
鷺峰時而半嶼灣闊防坐鎮上游 方切想望其風采 一境之絃誦相聞 所有文翁化蜀
乃於先甲致齋之箴 大成殿前來校煌煌之新膳 湖璉之兕守 拜跽之數 未嫺蓋緣呼唱之無度
寔在上丁釋奠之期 明倫堂上青衿濟濟 幸登梗楠之苑藏 升降之節 或謬真奈贊引之失儀
逸樽坫而越俎 亂謂知禮而非禮 惟琴瑟猶有更張之方 筵席尊俎之未節 不可視同弁髦
望庭燎而尚悅 遝愧冠儒而服儒 況鼓篋可追倚參之舉 琢磨砥礪之新工 亦宜看作茶飯
杏壇尚矣 從玉文獻之莫徵 抑有種種流弊之失 儒風惟在乎振頹 蓋多凡百規畫之可擬
綿蕝存焉 盍圖講習之有素 竊附區區矯救之宜 仁政最貴於興學 每仰第一義諦之攸存

藻繪斯文罔莫如撥拾衆論 別爲鄉約條規之規 高才或流於邪正所可慮者異端
標準永世孰敢不欽敬遠之 尤是民政切急之務 愚俗每趣於奢華恐易忽其本業
懲勸爲憲庶免賭戲之沉淪 民謹當 文席就禮遵蹟春合秋合之場
糾禁移風何患貨利之奔競 朋酒登詩退伏畫角肖角之屋

校宮節目

一 祭官抄報必愼其人務取地望之具備而實差三十一員外例差十員定式
添報除非實故與實病則無得生意俾免苟無先期頃報而不趁元定日入
齋則囚家僮發告責以示懲後之意是齊
一 齋內任如或拘於顔私抄報不稱之類則會員自相糾摘 享而出齋來薦之齋任
亦不可不追後論罰是齊

一如有不達之儒自諂齋所則勿許差祭只參散班是齊

一擇奠前肄儀自是常規而鄉學之不講成習每致臨事做錯之歎莫嚴之地豈但駭觀而止哉必於差祭後諸獻官各領諸執事聚立于明倫堂上執禮唱笏記肄儀出入升降等節亦須預爲講磨是齊

一獻官之取生進其亦鄉學舊例而若先於年齡宿德則殊欠鄉黨尙齒之義此在臨時通變之科而年少生進依太學例以差 正獻奉香亦合齊體是齊

一享事時失措專係於執禮執禮必須各別擇差而亦擇兩齋之鍊習者加差堂下執禮以爲隱栝得正之地是齊

一大祝必取筆法稍鍊讀聲明亮之儒若其 祭物封進之節官家自可洞屬之不暇然大祝亦宜盡心照檢以底牲幣克精之美是齊

一奉香之享後請過自是不可已之齋規而顧私掩置因循廢却俱係士氣日頽之斷從今以往務益檢束自相砥勉是齋

一鄉飲鄉射廢闕已久今之學者曽未覩其盛儀豈非有識憂歎處耶明時修舉何有其人而蓋聞書院有白鹿洞規講學之例况以明倫堂上青衿濟濟之地而獨可無此等美事也自今罷齋日平明設席于堂推高年博學人爲師長師長東向曲坐諸生各一拜師長以次坐揖訖諸生北向坐置大學集註及呂氏鄉約于案上師長先取大學讀、一二大文令諸生各講一大文因尋問句義與章旨結又講明鄉約條例每於春秋引之勿替則庶有補於勸學明善之事是齋

一兩齋生率多不學冒進者以致文旨之太不成樣亦於春秋取紫陽小學抽栍各講一大文次令書細楷百數字考試呼不入削案出送而曽經堂長者勿論是齋

一款情禮也牲牢脯脩必須均分送饋而不及於從廡諸執事決非禮待之意亦
須一例施行至若鄕中儒賢卿宰外朝士處間遺恐無意義無寧移施于士
族之耆期用遵庠養老之禮是齊 文蔭
一東齋都有司係是多士儀表則不當一日曠任每於 大祭後會員圈點薦望
必推年德老成學識高明之地而齋中大事必經商定後呈稟爲限之不必泥拘
一東齋々任以限必以兩度 享役著爲常式而間或有規避任名謂以自淨何等賢
宿望盖難其代是齊
關恐不當有此妄發是齊
一西齋堂長之年少兜攬亦係儕類稱怨之端以五十已上人擬望是齊
一西齋々任另差別有司一窠而極擇饒實人擧行若於掌議色掌中有可堪者則兼

差亦無妨而一切錢穀出入任自主張東齋只可總攬簿書勸懲勤慢是齊

一鄉約事目繕寫一通仍又譯諺輪示坊曲使之匹庶皆得講習婦孺亦知覩

勸而各里執綱仍無間憂悠致導率之方俾成任恤之俗每於冬至日不待另

要各送直月一入于 校宮修舉講會以試勤慢而賞罰之典從兵奏

銖是齊

역자 소개

서정기(徐正淇, 아호: 躍淵 · 北岳 · 勳老)

4·19혁명 선봉 및 민족통일전국학생 성대조직위원장
한국유학연구회 유교사상 편집인
동양문화연구소 연구실장
성균관 전학(典學)
한국청년유도회 회장: 예법(관례, 향음주례, 사상견례)부흥운동 전개
동양문화연구소 부소장 및 소장: 세계 속의 한국학운동 전개
건국대학교 대학원 철학과 박사학위 심사위원
민중유교연합 의장: 한글제사축문 보급운동 전개
성균관유교진흥대책위원회 위원장: 도덕성 회복과 새사람 운동 전개
성균관유교문화연구위원회 위원장, 태학지 번역분과 위원장
민주평화통일 자문위원회 상임위원, 성균관 유교신보 편집인 겸 주간 역임
삼경역주 성균훈로상 수상, 성균관 태학지 번역공로상 수상

현) 동양문화연구소 소장
(社)한국예절교육협회 상임고문
김동식 장군 기념사업회 상임고문
(社)충의무예원 고문

『世界 속의 韓國文化』
『世界 속의 韓國精神』
『世界 속의 韓國儒教』
『世界 속의 韓國禮節』
『世界 속의 韓國流風』
『정통가정의례』
『민중유교사상』
『實錄기소설 공자』
『새 시대를 위한 大學·中庸·禮運』
『새 시대를 위한 春秋』(上·中·下)
『새 시대를 위한 詩經』(上·下)
『새 시대를 위한 書經』(上·下)
『새 시대를 위한 周易』(上·下)
『새 시대를 위한 禮記』(1, 2, 3, 4, 5)
『새 시대를 위한 論語』
『새 시대를 여는 길』
『根源探索』, 『道學統論』, 『成婚錄』
『김동식 장군』
『아침 햇살 영롱한 대나무 열매』
『하늘로 날아라, 못으로 뛰어라』
훈로 서정기 선생 『유교대전』
외 다수

영인본 扐堂尹濟奎先生文集

초판인쇄 | 2012년 9월 12일
초판발행 | 2012년 9월 12일

지 은 이 | 윤제규
감 교 자 | 서정기
펴 낸 이 | 채종준
펴 낸 곳 | 한국학술정보(주)
주 소 | 경기도 파주시 문발동 파주출판문화정보산업단지 513-5
전 화 | 031) 908-3181(대표)
팩 스 | 031) 908-3189
홈페이지 | http://ebook.kstudy.com
E-mail | 출판사업부 publish@kstudy.com
등 록 | 제일산-115호(2000. 6. 19)

ISBN 978-89-268-3687-3 94150 (Paper Book)
978-89-268-3688-0 95150 (e-Book)
978-89-268-3683-5 94150 (Paper Book Set)
978-89-268-3684-2 95150 (e-Book Set)